성령의 나타남

10주제

# 성령의 나타남
# 10주제

백기호 목사 지음

문서사역
종려가지

## 서론 / 머리말에 부쳐

## 고린도전서 2:1-5

# 성령의 나타남(바울은 떨었다)

고전 2:1-5, 개역

[1] 형제들아 내가 너희에게 나아가 하나님의 증거를 전할 때에 말과 지혜의 아름다운 것으로 아니하였나니

[2] 내가 너희 중에서 예수 그리스도와 그의 십자가에 못 박히신 것 외에는 아무 것도 알지 아니하기로 작정하였음이라

[3] 내가 너희 가운데 거할 때에 약하며 두려워하며 심히 떨었노라

[4] 내 말과 내 전도함이 지혜의 권하는 말로 하지 아니하고 다만 성령의 나타남과 능력으로 하여

[5] 너희 믿음이 사람의 지혜에 있지 아니하고 다만 하나님의 능력에 있게 하려 하였노라


기독교 역사 = 2천년 동안

불멸의 존재인 = 사도 바울이란 사람이 있음

아무도 흉내 낼 수 없을 정도로 = 위대한 능력을 지닌 사도 중에 사도임

이 위대한 = 대 사도인 바울이 이렇게 말했음

고린도전서 2장 3절 =
"내가 너희 가운데 있을 때 약하며 두려워하며 심히 떨었노라"
고 했음

바울이 왜 떨었을까?
돈 때문일까? = 무서움 때문일까?
협박 때문일까? = 암 병 때문일까? 아님
사도 바울이 = 심히 떤 것은
하나님의 일을 하는 현장에서 = 성령님이 나타나지 않을까 봐 떨었음
바울이 = 하나님의 일을 해 보니까?
성령의 나타남이 없이는 = 안 되더라는 것임
그래서 심히 떨었던 것임

바울이 떨었다면 = 우리는 어떻게 해야 할까요?
더 많이 = 떨어야 할 줄로 믿음
그런데 문제는 = 바울은 떨었는데
오늘날 성도들은 = 안 떤다는 것임

뭐도 없으면서요? 성령도 없으면서 떨지 않는 것이다.
왜 그러느냐?
성령의 나타남 없이도 = 될 줄로 착각하고 있기 때문임

그러나 = 정신 차려야 함
성령의 나타남 없이는 = 모든 것이 헛것임
이미 사도 바울이 = 우리가 해야 할 모든 일을

임상실험을 통해서 = 결론을 내려놓은 말씀임
우리는 바울의 말을 = 무조건 믿어야 신상에 이로움
무조건 = 받아들이는 것이 믿음임

따라서 합시다. = 우리의 미래는 바울의 과거이다!.

※ 사도 바울은 = 설교 → 전도 → 기도 → 찬양 → 예배
　　　　　　→ 헌금 → 봉사 → 충성 → 희생 → 상담
　　　　　　→ 선교, → 교육 → 심방, 등등 다 해봤음
　해본 결과 = 성령이 나타나지 않을까 봐 심히 떨었다는 것임
　바울이 떨었다면 = 우리는 더 떨어야 될 줄로 믿음
　왜 우리는 안 떠느냐 = 성령의 나타남 없이도
　하나님의 일을 = 할 수 있다고 생각하기 때문임
　착각은 카트라인이 없음 = 착각은 자유임

　성령의 나타남 없이는 = 하나님의 일을 해봤자 헛수고임
　바울이 이미 = 결론을 내려놓은 것을
　우리가 임상 실험하여 = 또 다시 직접 실험해 볼 필요가 없다는 것임
　바울이 임상 실험하여 = 결론을 내려놓은 것을
　그냥 받아드리는 것이 = 신상에 이롭다는 것임

※ 성령의 나타남 없는 설교 = 해봤자 지식만 하나 더 쌓는 것임
　마음이 점점 공허해 지기만 함 = 갈증만 더하는 거예요.
　백기호 목사 설교를 듣고 순교자가 나와야 성공한 설교이다
　(브리스길라, 아굴라)

사도행전 2장 4절, 성령이 말하게 하심을 따라,
마태복음 10장 20절, 너희 속에서 말씀하시는 자 곧 성령

※ 성령의 나타남 없는 기도
　해봤자 지겹기만 함 = 하품만 나오고 졸리기만 함
　구약에 하나님이 한번 심방하시고 가시면 사건이 일어난다.
　아브라함, 다윗, 엘리야

※ 성령의 나타남 없는 찬양
　해보았자 감동이 없음
　목사님이 = 3-4절 한번만 더 불러 봐요
　얼굴이 마귀 오촌 닮아가지고 = 지겨워 죽으려고 하지요

※ 성령의 나타남 없는 전도
　해봤자 시간만 때우고 다리만 아픔 = 결실이 없어요.

※ 성령의 나타남 없는 봉사, 충성, 희생
　해봤자 = 불평불만만 늘어남
　괜히 = 나만 고생하는 것 같고,
　꼭 손해 보는 것 같고, = 기쁨이 없음
　나는 오늘부터는 성령에 이끌려서 살아가노라.

※ 성령의 나타남 없는 예배
　해보았자 = 예배 한 시간이 죽을 맛 임
　죄 없는 시계만 = 한 20번도 더 쳐다봄

은혜가 안 돼요, = 이런 예배 드려봤자 다 헛수고임
　　하나님이 = 안 받으심

※ 성령의 나타남 없는 헌금
　　해보았자 꼭 돈을 = 목사님에게 빼앗기는 것 같고 손해 보는 것 같음
　　그래서 세종대왕은 = 얼른 집어넣고 이황 선생님만 드림
　　그러면 못써요, = 하나님이 거지세요?
　　(지갑이 안 열려요) 하늘 문 열리면 지갑 문이 열림
　　온 우주 만물이 다 하나님의 것인데 = 하나님 앞에 생색내면 안 됨

※ 성령의 나타남 없는 성경읽기
　　20독, 50독 = 읽으면 뭐해요?
　　아니 성경을 = 줄줄 다 외우면 뭐해요?
　　성령의 나타남이 없으면 = 그것은 깡통임
　　왜 그러느냐? = 성경을 누가 기록했어요?
　　성경의 저자가 누구예요? = 바로 성령님 임
　　그러므로 = 성령의 도움 없이는
　　천 날 만날 = 성경 읽어봤자 소용없음
　　이해 못함 = 깨닫지 못함
　　성령님의 도움이 있어야 = 성경의 기록한 원 뜻을 이해할 수가 있음

그렇기 때문에 = 반드시 우리가 일을 하는 현장에
성령의 나타남이 있어야 = 무엇을 하든 하나님이 기뻐 받으시는 것임

이번 집회에 이 = 성령의 나타남, 이 주제를 붙잡고 몸부림 쳐봅시다.

그래서 우리의 신앙생활에 = 성령의 나타남이 충만 하도록 해 봅시다.

왜 저와 여러분이 = 신앙생활 하는데 성령이 안 나타나는지 알아요.
그것은 사도 바울을 = 짓밟았기 때문임

사랑하는 성도 여러분,
저와 여러분은 = 사도 바울을 짓밟을만한 그런 대단한 사람들이 못됨
바울의 영적 권위를 = 짓밟기 때문에
우리의 신앙생활이 = 시원찮은 거예요!

예수 다음은 = 사도 바울임
그런 대단한 사람의 = 영적 권위를
오늘날 한국 교회 성도들이 = 다 짓밟고 있음
목사님들이 = 잘못 가르치고 있음
그래서 성도들은 = 뭣도 모르면서 바울의 영적권위를 짓밟고 있음

이번 집회에 = 우리 모두
바울의 영적 권위 밑으로 = 다 들어가시기를 주님의 이름으로 축원함

☞ 찬양 – 680장 "성령 받으라"
　　　　　1278장 "방황하는 나에게"
따라서 합시다. – 주여 성령의 나타남을 주시옵소서!

요즘 = 교회가 힘들다고 함
부흥이 멈추고 = 오히려 감소하고 있다고 함

GNP가 1만불 이상이 넘으면 = 더 이상 복음이 전파되지 않는다고 함
기독교 인구가 20% 이상이면 = 복음이 전파되지 않는다고 함

요즘 신학생들이 = 신학교를 졸업하고
개척하여 작은 교회하나 세우는데 = 얼마나 힘 드느냐?
예수님이 직접 오셔도 = 안 된다는 말들이 있음

그러나 아무리 어려워도 = 모두 다 그런 것은 아님
성령의 나타남만 = 확실하면 됨
성령의 나타남만 확실하면 = 하나님은 분명함

사도 바울도 = 웬만한 것 가지고는 떨 사람이 아님
★ 지식으로 말하면 = 타의 추종을 불허한 자임
   어디를 가나 = 기죽지 않음
★ 또 누가 협박을 한다고 = 떨 사람이 아님
   사도행전 23장 12절 이하에 = 40명의 결사 단들이
   먹지도 않고, 자지도 않고, = 바울을 죽이려고 매복해 있어도
   눈 하나 깜짝하지 않았던 = 통 큰 사람이었음.
   그러나 바울은 = 성령의 나타남이 없을까봐 심히 떨었음

사랑하는 성도여러분!
성령의 나타나지 않을까봐 = 떨지 않는 사람은
세상 것으로 = 떨 일이 많이 생김
돈 때문에 떨고, = 자식 때문에 떨고,
사업 때문에 떨고, = 남편과 아내 때문에 떨고,

질병 때문에 = 떨 일이 많이 일어남
그러므로 우리는 = 항상 우리가 신앙생활 하는 현장에서
성령이 안 타나날까 봐 = 떨어야 될 줄로 믿음

보세요, 하나님의 인사정책을 보면 = 우리의 지식으로는 이해가 안 됨
바울을 = 이방인의 사도로,
베드로를 = 예루살렘의 사도로 세웠음

상식적으로 보면 = 오늘날에도 대도시는 지식층이 몰려 삼
그러므로 대도시인 = 예루살렘에는 사도 바울이 가야 정상임
그런데 하나님의 인사정책은 = 우리의 생각과는 정반대임.

하나님은 = 사람을 사용하실 때
사람이 가지고 있는 선천적인 재능이나 = 지식을 사용할 수 없게 만드심

그래서 보세요?
무식한 베드로가 = 지식층이 많은 예루살렘의 사역자로
임명을 받았기 때문에 = 베드로는 기도할 수밖에 없음
하나님을 = 의지 할 수밖에 없었음.
그리하여 베드로는 = 기도하여 앉은뱅이를 먼저 고쳐놓고 복음을 전파했음

사도 바울도 = 마찬가지 임
무식한 = 이방인들에게

자기가 가지고 있는 = 모든 지식을 써먹을 수가 없었음
말이 안 통함 = 그래서 사도 바울도
베드로와 같이 오직 기도함으로 = 병자를 고쳐놓고 복음을 전파했음
오직 하나님만 의지했음 = 성령님만 의지했음.

그러므로 우리도 = 오직 하나님만 의지하므로
성령의 나타남으로 = 신앙생활을 해야 할 줄로 믿음

자 보세요? = 우리가 신앙생활을 하다가
문제가 생길 때 = 두 가지를 대보면 본질에서 떠나가지 않음
(1) 예수님은 어떠했을까?
(2) 사도들은 어떠했을까?
입니다.

## 차례

서론/ 성령의 나타남(바울은 떨었다)—고전 2:1-5 ········ 5

1. 그 날(오순절 성령세례)_행 2:1-4 ········ 17

2. 바울의 영적 주소_행 9:1-9 ········ 31

3. 쪼개진 반석(깨어진 반석)_고전 10:1-7 ········ 43

4. 장소 지역에 나타난 성령(라마나욧)_계 2:12-17 ········ 55

5. 성령의 기름부음_벧전 2:9-10 ········ 73

6. 성령의 마심_고전 12:12-27 ········ 91

7. 능력전가_왕하 2:1-11 ········ 103

8. 은사를 통하여 나타난 성령의 역사_전 12:1-11 ········ 121

9. 촛대의 옮김_계 2:1-7 ········ 141

10. 성령의 열매와 범죄—갈 5:16-26 ········ 159

# 1/

## 사도행전 2:1-4

## 그 날(오순절 성령세례)

행 2:1-4, 개역
[1] 오순절날이 이미 이르매 저희가 다같이 한 곳에 모였더니
[2] 홀연히 하늘로부터 급하고 강한 바람 같은 소리가 있어 저희 앉은 온 집에 가득하며
[3] 불의 혀 같이 갈라지는 것이 저희에게 보여 각 사람 위에 임하여 있더니
[4] 저희가 다 성령의 충만함을 받고 성령이 말하게 하심을 따라 다른 방언으로 말하기를 시작하니라

### 그 날(오순절 성령세례)

1) 제자들은 = 3년 빈 동안 예수님과 합숙했음
이것은 대단한 사건임 = 이것은 보통 사건이 아님
다시 말하면 그분은 = 창조주요, 하나님이심
그분에게 제자들은 = 직접 배우고, 함께 먹고, 마시고, 했다는 것임

요한복음 1장 1-10절에 보면 = 예수님은 창조주이심
빛이 있으라 하신 = 그분이 바로 예수님이심
천지를 말씀 한마디로 만드신 분이 = 바로 예수이심
자기가 만든 세상에 = 내려오신 그분이 바로 예수님이심

우리가 예수, 예수 = 습관처럼 불러서 그렇지
이 예수가 = 대단한 분이심
이 창조주 예수님과 함께 = 제자들은 3년 반을 동고동락하며 살았음
그리고 4복음서를 = 가르침 받았음

누가 이 지구상에서 = 이런 교육을 받아본 사람이 어디 있어요?
누가 이런 = 양질의 교육을 받았겠어요!
모세도 그래봤자 = 시내산에서 하나님과 40일 있었어요.

그러나 제자들은 = 이 창조주 예수님과 함께
3년 반을 = 동고동락하며 살았음
대단한 사건임 = 그래도 성령 안 나타나셨음

2) 제자들은 = 부활하신 예수님과 40일 함께 살았음
보통 사건이 아님
또 보세요? = 사도행전 1장 1-3절에
부활의 주님께서 = 40일 동안
하나님의 나라의 일을 = 가르치셨다고 했음
이정도 되면 뭐가 되도 = 되어야 할 텐데 그렇지 않았음

제자들이 3년 반 동안 = 예수님과 함께 합숙하면서 배우고
또 부활하신 = 주님으로부터 40일을
다시 = 하나님의 나라에 대해서 배웠다면
천지를 뒤집어야 할 텐데 = 그렇지 못했음
그래서 예수님은 = 애들아 이것만 가지고는 안된다 라고 하셨음

배워도 안되요, 보아도 안되요, 받으면 됩니다.

찬송 - 343장, "울어도 못하네"

3) 그러므로 3년 반 + 40일 이것만 가지고 안 됨.
너희에게 한 사건이 있어야 한다. = 바로 그 날이 있어야 한다는 것임

사도행전 1장 5절하 =
"너희는 몇 날이 못 되어 성령으로 세례를 받으리라." 너희에게 = 성령의 세례가 임하는 날이 오리라는 것임
제자들과 120문도들이 = 이 말씀을 붙잡고
오순절 마가다락방에서 = 10일 동안 전심으로 부르짖어 기도하다가
오순절 성령세례의 사건을 = 경험한 줄로 믿음

사도행전 2장 1-4절을 읽겠음(행 2:1-4, 개역)
[1] 오순절 날이 이미 이르매 저희가 다같이 한 곳에 모였더니
[2] 홀연히 하늘로부터 급하고 강한 바람 같은 소리가 있어 저희 앉은 온 집에 가득하며
[3] 불의 혀 같이 갈라지는 것이 저희에게 보여 각 사람 위에 임하여

있더니
[4] 저희가 다 성령의 충만함을 받고 성령이 말하게 하심을 따라 다른 방언으로 말하기를 시작하니라.

본문에 나오는 그 날은 = 바로 10일 후임
오순절 성령세례 사건임 = 유대인들의 추석임
※(행 1:4-5, 개역)
[4] 사도와 같이 모이사 저희에게 분부하여 가라사대 예루살렘을 떠나지 말고 내게 들은 바 아버지의 약속하신 것을 기다리라
[5] 요한은 물로 침례를 베풀었으나 너희는 몇 날이 못되어 성령으로 침례를 받으리라 하셨느니라

사도행전 1장 4-5절은 약속이고 = 사도행전 2장 1-4절은 약속의 이룸임
오늘밤 이 자리에서 = 이런 일이 일어나기를 바람
각자 개인에게 = 이러한 일이 일어나야 할 줄로 믿음

그날이 무슨 날이냐?
그날은 바로 = 오순절 마가 다락방의 성령세례 사건임
오순절 성령세례 사건은 = 지금도 계속되고 있음
요즘 대부분 신학교에서 = 오순절 성령 사건은 단회라고 가르치고 있음
지금도 동일하게 = 오순절 성령의 사건은 역사하고 있음

그래서 예수님께서 = 제자들에게 부탁하시기를
그날이 오기 전에는 = 아무 곳에도 가지 말라는 것임

그 날은 바로 오순절 성령세례 사건임 = 이 사건은 지금도 계속되고 있음

오순절은 = 유대인의 추석명절임
오늘 이 시간이 = 저와 여러분의 오순절이 되기를 축원함
오늘 이 사건이 = 이 자리에서 나타나야 할 줄로 믿음
여러분에게 나타나야 함 = 바로 나에게 나타나야 함.

찬양 −179장 "이 기쁜 소식을"

이것을 요약하면
(3,5 + 40 + 오순절사건 = 성령세례) = 이것이 와야 함

따라서 합시다. = 주여, 성령의 나타남을 주시옵소서.

기독교 2천년 역사에 = 한 시대를 하나님의 손에 붙들려
세계적으로 = 하나님께 쓰임 받는 종들이 있음
이들에게 공통적인 특징은 = 모두다 그들에게 분명한 그 날이 있었음
무디도, 요한 웨슬레도 = 토레이, 스펄전, 조나단 에드워드도
하나님의 위대한 일꾼들에게는 = 모두 다 그 날이 있었음
오늘 우리도 = 내 인생에 그 날을 만나야 될 줄로 믿음.

따라서 합시다 = 주여 꿈에도 소원입니다. 성령의 세례를 주시옵소서!

그러면 보세요. = 성령의 세례가 단회가 아니고 연속이라는 것을

이 성경구절을 = 읽어 보면 금방 알 수 있음

## 1. 행 11:14-18(개역)

[14] 그가 너와 네 온 집의 구원 얻을 말씀을 네게 이르리라 함을 보았다 하거늘
[15] 내가 말을 시작할 때에 성령이 저희에게 임하시기를 처음 우리에게 하신 것과 같이 하는지라
[16] 내가 주의 말씀에 요한은 물로 침례를 주었으나 너희는 성령으로 침례 받으리라 하신 것이 생각났노라
[17] 그런즉 하나님이 우리가 주 예수 그리스도를 믿을 때에 주신 것과 같은 선물을 저희에게도 주셨으니 내가 누구관대 하나님을 능히 막겠느냐 하더라
[18] 저희가 이 말을 듣고 잠잠하여 하나님께 영광을 돌려 가로되 그러면 하나님께서 이방인에게도 생명 얻는 회개를 주셨도다 하니라

※ 욥바 성에서 기도할 때 = 베드로에게 환상이 나타났음
환상 중에 = 보자기가 내려오는데
그 안에 부정한 짐승들이 = 담겨져 있는 것임
갑자기 소리가 나더니 = "베드로야 잡아먹으라"
하니 베드로가 거절함
두 번째 = 똑 같은 보자기가 내려오더니 또
"잡아 먹으라"는 것임 = 또 거절함
세 번째 = 또 보자기가 내려왔다가 올라감

베드로가 = 고민에 빠졌음
그때 마침 = 고넬료가 보낸 사람들이 대문을 두드리면서
베드로 선생님 여기 계십니까? = 하고 찾는 것임
베드로가 내려가 보니 = 로마 군병들임

그 사람들이 = 베드로에게
우리 주인 고넬료가 = 천사의 지시를 받아 당신을 모셔오라고 했음
베드로가 생각하기를 = 오늘은 참 재수 옴 붙은 날이다
조금 전에는 = 이상한 환상이 나타나서
부정한 짐승들을 = 잡아먹으라 하더니만
이제는 로마 군병이 와서 = 자기와 함께 가자고 하는 것임
이처럼 베드로가 주저하고 있을 때 = 베드로 속에 있는 성령님께서
"베드로 주저하지 말고 따라가라 저 사람들은 내가 보냈노라!"
하시는 것임
베드로는 = 시온니즘에 사로잡혀있던 자임

시온니즘이란?
하나님은 유대인만 사랑하고, = 유대인만 사람취급하고,
다른 민족은 = 짐승과 같이 여기는 것임
베드로는 어릴 때부터 = 가지고 있던 시온니즘에 사로잡혀서
이상하다고 = 생각하고 있을 때
베드로 속에 있던 성령님이 = 안심하고 따라가라 하신 것임.

그래서 베드로는 = 하나님으로부터 3방을 얻어맞고
고넬료의 = 부하를 따라갔음

① 환상, ② 성령의 음성, ③ 천사, 이 3방입니다.
베드로가 = 고넬료 가정에 가서 설교를 시작했음
여러분 보시다시피 = 나는 유대인 임
오지 못할 자리에 왔음 = 내가 여기에 오기 전에 3방을 맞고 왔음

그러나 내가 여기에 온 것을 = 다른 제자들이 알면 날 가만두지 않을 것임
그러므로 = 제자들에게 말하면 큰일 남

나는 이 세상을 = 창조하신 로고스가
사람으로 이 세상에 오신 = 그분을 만난 적이 있음
나는 그분이 = 십자가에 못 박혀 죽는 것을 보았음
그 분은 = 삼일 만에 다시 살아 나셨고
나는 직접 부활하신 = 그 분과 함께 여러 날 먹고 마셨음
우리는 = 그분의 이름을 힘입어 죄 용서함을 받아
그 말하는 순간에 = "죄 용서함을 받아" 라는 말을 하는 순간에
하늘 문이 열리며 = 성령의 폭탄이 하늘로부터 떨어진 줄로 믿음

행11:15에 = 성령의 폭탄이 터진 것임
사도행전 2장의 = 오순절 사건이 재현 된 것임
그때 베드로가 = 짧은 설교를 하다가
그 순간에 = 설교가 멈춰버렸음
얼마나 성령께서 = 강하게 역사 하시던지
더 이상 설교를 = 계속할 수 없었음

오늘밤에도 그런 일이 = 이 시간 여러분에게도 일어나야 할 줄로 믿음
그때 베드로가 = 고넬료 가정에 임하는
성령의 = 역사를 보니까
자기들에게 임했던 = 오순절 날의 성령과 같더라고 했음
그러므로 오순절은 = 단회가 아니고 연속임
사도행전 11장 5절을 = 다시 한 번 읽겠음(행 11:5, 개역)
"가로되 내가 욥바 성에서 기도할 때에 비몽사몽간에 환상을 보니 큰 보자기 같은 그릇을  네 귀를 매어 하늘로부터 내리워 내 앞에까지 드리우거늘."

결국은 베드로가 = 가장 염려했던 것은
이방인의 집에 가서 = 이방인과 함께 어울리는 것임
사도행전 11장 1절 이하에 = 베드로가 염려했던 사건이 터졌음
예루살렘에서 = 연락이 왔음
베드로 = 요 며칠 전에 어디 같다 왔어?
아무것도 아니야 = 아무것도 아니긴 뭐가 아니야?
빨리 = 예루살렘으로 올라와
그래서 베드로가 드디어 = 예루살렘으로 불려가
제자들 앞에서 = 청문회가 열린 것 임

베드로 = 어디 갔다 왔어?
나 사실 거기 안 가려고 했거든… = 그런데 말이야
내가 기도하는데 = 보자기가 내려오더니
그 속에 부정한 짐승이 = 가득 담겨 있는데
하나님께서 나더러 = 잡아먹으라고 하잖아

그래도 나는 = 안 잡아먹었거든
그런데 그때 밖에서 = 나를 찾는 손님이 왔어
누구냐고 했더니 = 로마의 백부장인 고넬료의 하인들이라고 하면서
나를 = 데리러 왔다는 거야
고넬료가 기도하다가 = 천사를 만났는데
나를 = 데려 오라고 했다는 거야
그래도 내가 주저하고 있을 때 = 내속에 계신 성령님이
너 안심하고 따라가라 = 이 사람들은 내가 보냈노라 하시는 거야
그래서 = 어쩔 수 없이 따라 갔어
그리고 그곳에 가서도 = 말 많이 안했어… 몇 마디 했는데
우리가 오순절 날 받았던 = 성령의 역사가 그곳에도 똑같이 임하는 거야.

사도행전 2장 37-39절 = 말씀을 읽겠음
"저희가 이 말을 듣고 마음에 찔려 베드로와 다른 사도들에게 물어 가로되 형제들아 우리가 어찌할꼬 하거늘
베드로가 가로되 너희가 회개하여 각각 예수그리스도의 이름으로 세례를 받고 죄 사함을 얻으라 그리하면 성령을 선물로 받으리니
이 약속은 너희와 너희 자녀와 모든 먼데 사람 곧 주 우리 하나님이 얼마든지 부르시는 자들에게 하신 것이라 하고."

따라서 합시다. = 주여! 주시옵소서!

찬양합니다. -680장 "성령 받으라"

## 2. 사도행전 8장 4-20절, 빌립이 신유 집회를 통해서 사마리아 교회를 세웠음

빌립이 강력한 신유의 은사로 = 귀신을 쫓아내고 각종질병을 고쳤음
그랬더니 사마리아 성이 = 발칵 뒤집어 졌음
그래서 많은 사람들이 = 예수 믿고 교회가 세워진 것임
그런데 이 사마리아 교회에는 = 하나님의 나라 복음도 있음
신유의 능력도 나타남 = 예수의 이름도 있음
물세례도 있음 = 그러나 성령세례는 없었음

사도행전 8장 17절 = 사도가 안수하므로 성령세례가 나타났음.
사마리아 교회는 = 오늘 한국교회와 같음
그러나 성경은 = 이것으로 끝나지 않는 다는 것임

그래서 베드로와 요한이 = 사마리아로 내려가서
사마리아 교인들에게 = 안수를 했더니
그들에게 오순절의 성령의 역사와 = 동일한 성령의 세례가 임한 줄로 믿음

## 3. 사도행전 18장 24-28절, 아볼로가 에베소 교회에서 목회함

에베소 교회 = 오늘날 한국 교회의 모델임
아볼로가 어떤 사람인가?
① 학문이 많음
② 성경에 능함

③ 일찍이 주의 도를 배움(모테신앙)
④ 열심 있음
⑤ 가르치기를 잘함(설교)
넘을 수 없는 = 치명적인 약점이 있었음
25절에 = 요한의 세례만 알 따름이라 = 성령의 세례를 모른다는 것임

아볼로가 = 고린도로 사역 지를 옮기고
사도 바울이 = 에베소에 부임했음
바울이 = 에베소에 부임해서
찬송도 부르고 = 통성기도를 해도 성령의 나타남이 없음
그래서 = 이상하다 생각하고
사도 바울이 에베소 교인들의 = 영적진단을 하기 시작 한 것임

사도행전 19장 1-7절 = 바울의 영적 진단이 나옴
너희가 믿을 때에 = 성령을 받았느냐 는 것임
바울의 인사법은
불신자를 만났을 때 = 예수는 메시야 이심
예수는 당신에게 구세주가 되신다.

믿는 신자를 만났을 때 = 너희가 믿을 때 성령을 받았느냐?

★ 성령의 세례는 누가 받을 수 있는가?
① 기도할 때–오순절 마가 다락 방
② 말씀을 들을 때 –고넬료 가정
③ 안수 받을 때–사마리아 교회, 에베소 교회

위와 같이 = 성령을 사모하고 기도하고,
말씀을 사모하고, 안수를 받으면 = 성령의 세례를 받을 수 있음

# 2

## 사도행전 9:1-9

# 바울의 영적 주소

행 9:1-9, 개역

[1] 사울이 주의 제자들을 대하여 여전히 위협과 살기가 등등하여 대제사장에게 가서
[2] 다메섹 여러 회당에 갈 공문을 청하니 이는 만일 그 도를 좇는 사람을 만나면 무론 남녀하고 결박하여 예루살렘으로 잡아오려 함이라
[3] 사울이 행하여 다메섹에 가까이 가더니 홀연히 하늘로서 빛이 저를 둘러 비추는지라
[4] 땅에 엎드러져 들으매 소리 있어 가라사대 사울아 사울아 네가 어찌하여 나를 핍박하느냐 하시거늘
[5] 대답하되 주여 뉘시오니이까 가라사대 나는 네가 핍박하는 예수라
[6] 네가 일어나 성으로 들어가라 행할 것을 네게 이를 자가 있느니라 하시니
[7] 같이 가던 사람들은 소리만 듣고 아무도 보지 못하여 말을 못하고 섰더라
[8] 사울이 땅에서 일어나 눈은 떴으나 아무 것도 보지 못하고 사람의 손에 끌려 다메섹으로 들어가서
[9] 사흘 동안을 보지 못하고 식음을 전폐하니라

기독교 역사 = 2천년 동안
불멸의 존재인 = 사도 바울이란 사람이 있음
아무도 흉내 낼 수 없을 정도로 = 위대한 능력을 지닌 사도 중에 사도임

이 위대한 = 대 사도인 바울이 이렇게 말했음
고린도전서 2장 3절 =
"내가 너희 가운데 있을 때 약하며 두려워하며 심히 떨었노라."고 했음

바울이 왜 떨었을까?
돈 때문일까? = 무서움 때문일까?
협박 때문일까? = 암 병 때문일까? 아님
사도 바울이 = 심히 떤 것은
하나님의 일을 하는 현장에서 = 성령님이 나타나지 않을까 봐 떨었음
바울이 = 하나님의 일을 해 보니까?
성령의 나타남이 없이는 = 안 되더라는 것임
그래서 심히 떨었던 것임

바울이 떨었다면 = 우리는 어떻게 해야 할까요?
더 많이 = 떨어야 할 줄로 믿음
그런데 문제는 = 바울은 떨었는데
오늘날 성도들은 = 안 떤다는 것임

뭐도 없으면서요? ─ ─ ─ 성령도 없으면서 ─ ─ ─ 떨지 않는 것이다.
왜 그러느냐?
성령의 나타남 없이도 = 될 줄로 착각하고 있기 때문임

그러므로 = 성령의 나타남이 있으려면
그날이 = 분명해야 함

1) 그 날 → 3.5(예수님과 합숙기간) → 40(부활의 주) → 오순절 성령세례

## 바울의 영적 주소

사도 바울이 = 한 인생을 살면서
결정적인 영향을 = 미친 장소가 있음

〔다소〕→ 〔다메섹〕→ 〔직가〕→〔아라비아〕→〔안디옥〕

### 1.〔다소〕→

사울은 = 이 땅에 있을 때에
결정적인 영향은 미친 = 몇 가지 사건이 있었음
사울은 다소에서 = 육신이 태어났음
그리고 그곳에서 = 가말리엘이라고 하는 그
당시에 = 최고의 학문 기관을 통하여
히브리와 헬라의 = 양대 산맥의 학문을 통달했음
베냐민 지파의 사람이요, = 율법으로는 바리새인이요,
열심 으로는 = 교회를 선두에서 핍박하던 자였음

그러던 어느 날 = 밖에 나가 보았더니
사회를 소란 시키는 = 거짓 말 쟁이 들을 보게 됨
사람이 = 죽었다가 살아났다는 것임
누가요? = 예수가 죽었다가 다시 살아났다는 것임
그리고 = 예수뿐만 아니라
우리들도 이 예수를 믿으면 = 죽었다가 산다는 것임

그래서 사울은 = 이런 거짓말하는 자들을 그냥 둘 수 없어
사회정화 차원에서 = 척결을 했음
스데반을 = 돌로 쳐 죽였음
그리고 = 도망간 자들을 잡으려고
공문을 청하여 = 허락을 받아 다메섹으로 갔음

※ 다소의 세계는 = 불신의 세계임
모든 것을 = 육신의 방법으로 하려고 함
그러므로 = 이곳은 생명이 없음
바울도 나중에 다소를 지날 때에 = 배설물처럼 버렸다고 고백하고 있음
그런데 요즘 사람들은 = 바울이 버린 것을
열심히 주우러 = 다니는 사람들이 많음
이렇게 영적 관점이 = 무너져 버리면 세월 다 허비해 버림

성령님이 = 사람을 쓰시는데
우리나라에서는 = 초등학교만 나오면
성령이 쓰시는데 = 아무 무리가 없음

그러므로 못 배워서 = 신앙생활 잘 못한다고 하는 것은 그것은 핑계임
지식 갖고 안 됨 = 온전함으로 안 됨 = 바울 보세요. - - -
★ 예수 안 믿는 불신자들은 = 예수 믿는 자들을 이유 없이 그냥 싫어함
이해하지 못함
다메섹을 가려고 하는 것이 아니라 = 이해하지 않으려고 함

◎ 이곳에서 다메섹을 가기 위해서는 = 회개하고 예수 영접해야 함

찬양 -1279장 "어두워진 세상길을"

## 2. (다메섹) →

거듭남의 체험임 = 예수 믿고 구원받는 단계임

사울이 다메섹으로 = 공문을 받아 가지고 가는데
다메섹 가까이 이르렀을 때 = 갑자기 하늘로부터 빛과 음성이 나타났음
"사울아, 사울아 네가 어찌하여 나를 핍박하느냐."
할 때 사울은 = 거기에서 꺼꾸러져 버렸음
거기서 사울은 = 예수를 믿고 구원을 받음

"주여 뉘시나이까?
이놈아! 누구긴 누구냐 = 네가 핍박하는 예수다
원수는 외나무다리에서 = 만난다더니 너 잘 만났다."
그때 바울은 = 자기가 죽인 스데반과

자기가 핍박한 = 예수쟁이들의 말이 맞다는 것을 알게 됨
바울은 구약에 능통한 자였기 때문에 = 여러 말이 필요 없었음
'나는 예수' = 라는 한마디에
모든 불신과 의심이 = 한방에 해결되어 버린 것임

※ 다메섹은 = 거듭남의 체험임
예수 믿고 거듭나고 = 구원받는 단계임
다메섹이 = 인생의 최고의 축복임
그러나 이것이 다가 아님 = 그 다음 단계가 있음
그래서 주일성수 하고, = 십일조 잘하고, 말씀도 알고,
그 말씀대로 살려고 = 노력도 함

그러나 이것 가지고는 주의 일 못함 = 힘이 없어요,
거듭남의 체험을 한 자는 = 바로 직가로 가야 함

★ 다메섹에 있는 성도는 = 직가를 이해하지 못함
다소의 세계에서 = 다메섹을 이해하지 못하듯이
다메섹의 세계에서는 = 직가의 세계를 이해하지 못함
그래서 교회에서 = 방언하고 통변하고
무슨 신령한 은사를 나타내면 = 알레르기 반응을 나타냄
성도가 = 신령한 세계를 이해하지 못함

기도도 다메섹의 기도와 = 직가의 기도가 다름
다메섹의 기도는 = 분위기나 기분에 맞아야 잘됨

평안도 다메섹의 평안과 = 직가의 평안이 다름
다메섹의 평안은 = 조건이 맞아야 평안함

그러므로 성령 받아야 됨 = 은사 체험해야 함

◎ 다메섹에서 벗어나 = 직가로 가기 위해서는 깊은 회개가
   이루어져야함
하나님 앞에서 = 나의 자세를 고쳐야 함
못된 습성과 못된 버릇들을 = 모두 뜯어 고쳐야 함
그래야 다메섹을 벗어나 = 직가로 갈수 있음

찬양 -680장 "성령받으라"

## 3. (직가) →

사도 바울이 = 성령세례를 받은 장소임
           신령한 은사를 = 체험하는 곳임

바울이 = 직가라는 곳으로 인도 받았음
여기서 아나니아라는 = 선지자를 만났음
그때 아나니아는 = 다메섹 도성에서 기도하고 있었는데
"아나니아야 = 그만 기도하고 직가 라는 거리로 가라
그곳에 가면 = 형제 사울을 만날 것이다."
아나니아가 깜작 놀라서 = 사울이요 두려움
아니다 내가 = 내려오는 길에 한방 먹여 놨다.

가보면 = 너를 찾고 있을 것이다.
그에게 안수하여 = 성령세례를 받게 하라
아나니아가 바울을 안수 할 때 = 눈 속의 비늘이 벗겨지고
눈이 열리고 = 성령의 세례가 임한 줄로 믿음
영안의 눈이 = 열린 것임

※ 직가는 사도 바울이 = 성령세례를 받은 장소임
  신령한 은사를 = 체험하는 곳임
이곳은 성령이 나타나는 곳임 = 각종 은사를 체험하는 곳임
그러므로 직가는 = 성령이 은사를 통하여 나타남

여러분 더 큰 신령한 은사를 = 체험하기 원하시면
방언 많이 하시기를 바람 = 모든 은사는 방언을 타고 옴
그러므로 방언을 = 많이 하시기를 바람

고린도전서 14장 18절 = 사도 바울은
"모든 사람보다 방언을 더 말하므로 하나님께 감사하노라"고 했음
그 위대한 사도 바울은 = 누구보다도 더 방언을 많이 했는데
우리들이 뭐라고 방언을 금합니까? = 금할 수 없음

그런데 오늘날 방언을 = 은근히 무시하고 까는 사람들이 있음
그러면 안 됨 = 고린도전서 14장 38-39절을 읽겠음
38 만일 누구든지 알지 못하면 그는 알지 못한 자니라
39 그런즉 내 형제들아 예언하기를 사모하며 방언 말하기를 금하지
  말라

## 4. 〔아라비아〕→

바울은 아라비아에서 = 깊은 연단을 받음
바울은 여기에서 = 내 복음을 찾게 됨
내 복음이라는 것은 = 예수 그리스도의 복음이
자기를 = 통과하는 것을 말함

바울에게 = 내 자가 붙은 몇 가지가 있는데
내 복음, 내 기도, 내 신앙 등등 임 = 바울은 여기서
로마서의 기본사상인 = 이신득의(以信得義) 사상이 이루어졌음
여기에서 바울의 신앙 사상이 = 정립되고 이루어진 것임

※ 아라비아는 = 연단 받는 곳임
연단을 통해서 = 하나님의 사역의 중심에 설 자들을 찾음
연단을 통해 = 깊은 기도를 하게 됨
자기 신앙관이 확실하게 잡히게 됨 = 성령이 말씀으로 나타남

그러므로 영적 주소가 = 아라비아에 가면
성령의 나타남이 = 말씀으로 나타남
성경을 읽으면 = 성경이 깨달아 짐
말씀을 들으면 깨달아 짐 = 말씀이 열려져 버림
그렇다고 = 직가의 역사인 은사 체험
방언이 없어지는 것이 아니라 = 더 세 지는 것임

영적 주소가 = 아라비아에 가면

말 한마디 한마디에 = 성령이 밀고 나옴
그래서 듣는 자가 = 감동이 오고, 가슴이 뜨거워짐
그러므로 이 시간 = 우리 모두
영적 주소를 = 다 아라비아로 옮겨야 할 줄로 믿음

### 5. (안디옥) →

바울은 안디옥으로 갔음

안디옥 교회에서 = 바울 사도의 위력이 나타남
사도행전 13장 1-4절 = "성령이 가라사대 내가 불러 시키는 일을 위하여 바울과 바나바를 성령이 따로 세우라."고 하셨음

※ 안디옥의 신앙은 = 주를 섬길 줄 앎
섬김을 앎 =
전도한다, 기도한다, 봉사한다고 = 주님 섬김이 아님
섬김은 따로 있음
자기를 위해서 신앙생활하고 = 자기를 위해서 섬기고
자기를 위해서 기도하는 것은 = 주를 섬기는 것이 아님

그러므로 여러분들은 = 무슨 일을 하든지
그것이 = 주님의 섬김이 되어야 할 줄로 믿음

자기 사명을 다함 = 직분감당 충실함
자기 자리를 앎 = 성령의 음성에 민감함

성령의 흐름을 알게 됨 = 성령을 모시고 대우할 줄 암
성령의 = 깊은 교제를 하게 됨
그리고 = 성령이 불러 시키는 일 외에는 안 한다. 함
이때부터 하나님에게 쓰임을 받음 = 우리 한번 다 하나님에게 쓰임
받읍시다.

한번 따라서 합시다.
〔다소〕→ 〔다메섹〕→ 〔직가〕→〔아라비아〕→〔안디옥〕

1. 다소, 절대로 성령이 나타나지 않음
2. 다메섹, 거듭남의 체험으로 성령이 나타남
3. 직가, 은사와 능력에 의해 성령이 나타남
4. 아라비아, 말씀에 의해 성령이 나타남
5. 안디옥, 섬김에 의해 성령이 나타남

이것이 = 바울이 걸어갔던 길임
사도 바울만 그러는 것이 아니라 = 우리도 똑 같이 이 길을 가는 것임

다소: 소코라데스, 풀라톤, 아리스토델레스, 헬라철학
　　　　　공장 ,맹자, 순자,　모든 종교, 히브리학
다소는 모든 것이 똥이다, 다소의 크기에 기죽지 말자,
다소는, 세상, 이성,

다메섹, 거듭남, 예수 영접,

직가, 성령세례이다.

아라비야, 3년 동안 말씀이 체계화되는 과정이다. 7대복음, 7대연합.

히브리식 예수아, 예수 4000년 구약
헬라식 로고스, 예수 신약
사람으로 오신 그리스도를 전하는 것을 하나님이 지원하신다.
안디옥은 세계로 나아가는 길이다 1차, 2차, 3차, 선교의 문이 열리다.

# 3 /

## 고린도전서 10:1-7

## 쪼개진 반석(깨어진 반석)

고전 10:1-7, 개역

[1] 형제들아 너희가 알지 못하기를 내가 원치 아니하노니 우리 조상들이 다 구름 아래 있고 바다 가운데로 지나며

[2] 모세에게 속하여 다 구름과 바다에서 침례를 받고

[3] 다 같은 신령한 식물을 먹으며

[4] 다 같은 신령한 음료를 마셨으니 이는 저희를 따르는 신령한 반석으로부터 마셨으매 그 반석은 곧 그리스도시라

[5] 그러나 저희의 다수를 하나님이 기뻐하지 아니하신 고로 저희가 광야에서 멸망을 받았느니라

[6] 그런 일은 우리의 거울이 되어 우리로 하여금 저희가 악을 즐겨한 것 같이 즐겨하는 자가 되지 않게 하려 함이니

[7] 저희 중에 어떤 이들과 같이 너희는 우상 숭배하는 자가 되지 말라 기록된 바 백성이 앉아서 먹고 마시며 일어나서 뛰논다 함과 같으니라

기독교 역사 = 2천년 동안

불멸의 존재인 = 사도 바울이란 사람이 있음
아무도 흉내 낼 수 없을 정도로 = 위대한 능력을 지닌 사도 중에 사도임

이 위대한 = 대 사도인 바울이 이렇게 말했음
고린도전서 2장 3절 =
"내가 너희 가운데 있을 때 약하며 두려워하며 심히 떨었노라."고 했음

바울이 왜 떨었을까?
돈 때문일까? = 무서움 때문일까?
협박 때문일까? = 암 병 때문일까? 아님
사도 바울이 = 심히 떤 것은
하나님의 일을 하는 현장에서 = 성령님이 나타나지 않을까 봐 떨었음
바울이 = 하나님의 일을 해 보니까?
성령의 나타남이 없이는 = 안 되더라는 것임
그래서 심히 떨었던 것임

바울이 떨었다면 = 우리는 어떻게 해야 할까요?
더 많이 = 떨어야 할 줄로 믿음
그런데 문제는 = 바울은 떨었는데
오늘날 성도들은 = 안 떤다는 것임

뭐도 없으면서요? - - - 성령도 없으면서 - - - 떨지 않는 것이다.
왜 그러느냐?
성령의 나타남 없이도 = 될 줄로 착각하고 있기 때문임
그러므로 성령의 나타남이 있으려면 = 그날이 분명해야 함

1) 그 날 → 3.5(예수님과 합숙기간)→40일(부활의주)→(오순절 성령세례)
2) 영적 주소 → 다소 → 다메섹 → 직가 → 아라비아 → 안디옥

## 쪼개진 반석

※ 나는 성령세례도 받고 = 방언도 하고,
가끔가다 기도할 때 = 손도 떨리는 진동도 오고,
목사님이 안수 할 때 = 뒤로 나자빠지기도 하는데,
그런데 왜 나는 = 성령의 나타남이 만족하지 아니하고 시원찮을까?
여기에 대한 = 해답을 들으시기를 바람

그 사람은 왜 = 성령의 나타남이 시원찮으냐? 하면
그 사람의 심령 상태가 = 통반석이라서 그렇음
안 쪼개져서 그러는 거예요 = 이 시간 한번 쪼개져 보실래요?
쪼개져야함 = 깨어져야 함
바싹 쪼개져야 그 쪼개진 틈을 타고 = 성령의 생수가 흘러남

따라서 합니다 = "쪼개진 반석" (쪼개진 만큼 역사한다)

사도 바울이 = 성령의 충만을 받고 구약 성경을 읽다가
모세가 이스라엘 백성들을 데리고 = 가나안 광야를 가는데
백성들이 목이 말라 아우성 칠 때 = 하나님께서 모세에게
민수기 20장 1-13절에 = 보면

"지팡이를 들고 반석 위에 서라 쪼개진 반석을 통해서 생수가 나리라"
하셨더니 모세가 = 지팡이로 반석을 내리 칠 때
반석이 둘로 쫙 쪼개지고 = 쪼개진 사이로
생수가 흘러 나와 = 백성들이 먹고 마셨더라. 했음

우리는 이 말씀을 = 우리의 눈으로 읽어서는 백날 보아도 모름
그러나 = 성령이 충만한 바울이
성령의 눈으로 = 구약성경을 보다가
이것이 무슨 뜻인지를 = 한 눈에 알아 보았음

민수기 20장 10-11절 = 함께 읽겠음.

10 모세와 아론이 총회를 그 반석 앞에 모으고 모세가 그들에게 이르되 패역한 너희여 들으라 우리가 너희를 위하여 이 반석에서 물을 내랴 하고

11 그 손을 들어 그 지팡이로 반석을 두 번 치매 물이 많이 솟아나오므로 회중과 그들의 짐승이 마시니라

여기서 반석은 누구입니까 = 예수 그리스도를 말함
생수는 무엇일까요? = 성령세례를 가르침
쪼개진 반석은 무엇을 말합니까? = 십자가 사건을 말함

성경이 이렇게 보여 지는 것을 = 아라비아의 능력이라고 함
여러분도 이러한 바울의 안경이 = 씌워지기를 바람

쪼개진 반석은 = 예수 그리스도가 채찍에 맞고,

십자가에서 찢기지 않으면, = 깨어지지 않으면
오순절 성령의 역사는 = 일어나지 않음

반석이 깨지고 그 속에서 나온 생수는 = 오순절 사건을 말하는 것임

요한복음 7장 37-39절 = 힘께 읽겠음(요 7:37-39, 개역)
[37] 명절 끝날 곧 큰 날에 예수께서 서서 외쳐 가라사대 누구든지
    목마르거든 내게로 와서 마시라
[38] 나를 믿는 자는 성경에 이름과 같이 그 배에서 생수의 강이
    흘러나리라 하시니
[39] 이는 그를 믿는 자의 받을 성령을 가리켜 말씀하신 것이라
    (예수께서 아직 영광을 받지 못하신고로 성령이 아직 저희에게
    계시지 아니하시더라)

"나를 믿는 자는 성경에 이름과 같이 그 배에서 생수의 강이
흘러나리라."
39절을 보면 생수의 강이 나옴 = 이것은 무엇을 가리킵니까?
믿는 자의 받을 성령을 가리켜 = 말씀하신 것이라고 하셨음

그런데 = 괄호 안이 중요함
(예수께서 = 아직 영광을 받지 못하신 고로 성령이 저희에게 = 계시지
아니하신 지라)
이 말씀은 아직 = 십자가의 사건이 오지 아니하였음으로,
혹은 십자가에서 = 쪼개지지 아니함으로
성령의 역사가 = 나타나지 않는다는 것임

이와 같이 예수님에게만 그런 것이 아니고 = 여러분과 저도 동일함
성경은 우리의 심령상태를 = 반석이라고 했음

모든 성경이 그렇지만 = 첫째는 예수님에게 적용이 되고,
그 다음에는 = 우리들에게 적용이 되는 것임

예수님의 = 반석이 쪼개져야
예수님이 십자가에서 = 죽으셔야 생수가 터짐
오순절 = 사건이 일어남
이와 같이 = 여러분과 저도 성경에 보면
우리의 심령 상태를 = 반석이라 했음
그러므로 우리도 = 바싹 쪼개져야 할 줄로 믿음

고린도후서 10장 3-5절 = 읽겠음
3 우리가 육체에 있어 행하나 육체대로 싸우지 아니하노니
4 우리의 싸우는 병기는 육체에 속한 것이 아니요 오직 하나님 앞에서 견고한 진을 파하는 강력이라
5 모든 이론을 파하며 하나님 아는 것을 대적하여 높아진 것을 다 파하고 모든 생각을 사로잡아 그리스도에게 복종케 하니

여기에 "진"이란 말이 나옴 = 이것은 방카를 말함. 요새임
무너뜨리기 힘듬 = 절대 무너뜨려지지 않음
그 속에 지키고 있는 자들이 = 다 죽어야 무너짐
오늘 여러분의 이 방카가 = 다 무너지기를 바람

인간의 마음이 = 이렇게 견고한 진지와 같다는 것임
이러한 진은 = 다 파괴 되어야 함
그런데 5절에 보면 = 견고한 진을 뭐라고 했느냐 자기 이론이라고 했음
그러므로 자기 이론 = 자기 생각이 박살 나야함

그렇지 아니하면 = 성령이 역사할 수가 없음
자기 이론, 자기 생각, = 잘못된 이론은 박살나야 함
잡다한 이론으로 무장되어있고 = 이 잘못된 이론이 신념이 되어버리면
이것은 바로 고집이 되어버림 = 이 똥고집은 무너지기 힘 듬

그러므로 이 시간 = 이러한 잘못된 이론,
잘못된 고집 = 잘못된 생각이 박살나야
쪼개져야 그곳을 타고 = 성령이 나타날 줄로 믿음.
사랑하는 성도 여러분 = 쪼개지시기 바람

예수님도 = 반석이 깨어질 때
깨어진 틈을 타고 = 성령이 폭발한 것처럼
우리도 = 성령의 나타남이 풍성하려면
첫째로 = 성령의 세례를 받아야 하고,
그 다음에는 = 영적 주소가 앞으로, 앞으로 옮겨가야 하고
그리고 계속 쪼개져야 = 성령이 역사합니다. -아멘-

옆 사람에게 = 물어 보십시다
쪼개진 반석입니까? = 통반석입니까? 뭐래요?
여기보세요 = 눈을 보면 다 알 수 있어요

에그 전부다 = 만세반석이구만
오늘 바싹 = 깨어지시기 바랍니다. -아멘-

그런데 = 이 반석이 깨어지기까지는
모세가 = 지팡이를 가지고
살살 건드렸을까요? = 세게 내리쳤을까요?
맞음! 세게 내리 쳤음 = 지팡이로 뒤지도록 맞아야 깨어짐

찬양 -1092장 "부셔져야 하리"

이것은 기독교 2천년 역사상 = 가슴 아픈 일임

성령의 = 역사를 일으킨
성령이 통과한 = 통로 자가 된 자들은
모두가 다 = 공통된 특징이 있는데
하나님께 뒤지도록 = 얻어맞은 사람들임

얼마만큼 맞았느냐?
죽음의 사선에 = 갔다오기까지 맞은 것임
안 맞고 깨어지면 = 얼마나 좋습니까?
그러나 인간은 못 되가지고 = 안 맞고는 안 깨어짐
꼭 죽도록 맞아야 깨어짐 = 참 안타까운 일이지요
요한 웨슬리도 = 아내를 통해 매일 매일 맞았음
무디도 자녀를 통해서 얻어맞음 = 손자 들이 많이 죽었음
하나님에게 = 사용 당하는 방법은 두 가지

하나는 지팡이로 = 남을 때리는데 사용을 당함

이것은 사명을 = 완수하면 버려버림

생명을 거둬가 버림 = 절대로 지팡이로 사용 되서는 안 됨

또 하나는 반석임

우리는 = 쪼개지는 반석이 되어서

사용 당할지언정 = 지팡이로는 사용 당하지 말아야 함

하나님은 = 우리를 쓰시기 위해서

할 수 없이 = 인간을 쪼개기 위하여 지팡이를 사용하시는데

하나님이 사용하시는 지팡이는 = 이런 것들이 있음

1. 물질의 지팡이 = 돈, 재산, 사업
2. 질병의 지팡이 = 병, 하나님이 목적을 가지고 때리는 병은 절대로 낫지 않는다.
   그렇다고 죽지도 않음 = 쪼개려고 달라붙은 병임
   사명을 가지고 = 달라붙었기 때문에
   그 사명을 = 다하기 전에는 나가지 않음 = 쪼개져야 나감
3. 자식의 지팡이 = 타락, 불순종, 집나감, 죽음 등등
4. 아내, 혹은 남편의 지팡이 – 바람나고, 집나가고, 싸우고, 이혼 등등
5. 환경의 지팡이 = 우겨 쌈을 당함, 부끄러움을 당함, 어려움을 당함
   지팡이는 = 사명 다하면 버려버림

이와 같이 = 지팡이로 우리를 때림

왜 때리느냐? = 쪼개서 성령이 터져 나오게 하려고

우리의 자아의 반석이 = 너무 강하기 때문에

성령이 나가시질 = 못하기 때문에 때리는 것임

여러분 = 어차피 맞아야 하는데
여러분 더러 고르라고 한다면 = 이중에 어떤 것을 고르겠습니까?
하나님은 나를 = 어떤 지팡이로 때려야
크게 쪼개질지 = 그분만이 아심

그런데 말임 = 한 가지 기억해야 할 것이 있음
물질의 저항력이 있는 자는 = 절대로 물질로 안 때림
원래 가난에 = 익숙해 있는 사람은 때려봤자 임

여러분 통반석 되실래요? = 쪼개진 반석 되실래요?
바싹 쪼개지실래요? = 적개 맞고 크게 쪼개져야 함
그런데 어떤 사람들은 = 뒤지도록 맞고도 금만 살짝 가는 사람이 있음
생수는커녕 = 물만 뚝뚝 떨어지기만 하니
갈증이 해소 되겠습니까? = 안됨
쫙 쪼개져야 생수가 터져 나옴 = 쪼개진 만큼 성령이 흘러나옴

지금 이 시간에 = 여러분 앞에 지팡이가 와 있음
여러분 앞에 와 있는 = 지팡이는 무슨 지팡이입니까?
어떤 지팡이가 = 와 있을 지라도
그 지팡이 앞에 = 바싹 쪼개지시기 바람

오늘, 이 시간에 = 제발 좀 쪼개집시다.
각자에게 = 하나님의 지팡이가 준비되어 있음
쪼개지지 않고는 = 다른 방법이 없음
바싹 쪼개져야 = 터져 나옴

덜 쪼개졌기 때문에 = 불평하고 불만하고 원망이 나옴

하나님의 말씀에 = 붙잡혀 쪼개지면

하나님의 사역의 = 중심에 설 수 있음

찬양 – 3513장 "모든 만민들아"
　　　　1987장 "주님의 손길"

# 4

## 요한계시록 2:12-17

# 장소 지역에 나타난 성령(라마나욧)

계 2:12-17, 개역
[12] 버가모 교회의 사자에게 편지하기를 죄우에 날선 검을 가진 이가 가라사대
[13] 네가 어디 사는 것을 내가 아노니 거기는 사단의 위가 있는 데라 네가 내 이름을 굳게 잡아서 내 충성된 증인 안디바가 너희 가운데 곧 사단의 거하는 곳에서 죽임을 당할 때에도 나를 믿는 믿음을 저버리지 아니하였도다
[14] 그러나 네게 두어 가지 책망할 것이 있나니 거기 네게 발람의 교훈을 지키는 자들이 있도다 발람이 발락을 가르쳐 이스라엘 앞에 올무를 놓아 우상의 제물을 먹게 하였고 또 행음하게 하였느니라
[15] 이와 같이 네게도 니골라 당의 교훈을 지키는 자들이 있도다
[16] 그러므로 회개하라 그리하지 아니하면 내가 네게 속히 임하여 내 입의 검으로 그들과 싸우리라
[17] 귀 있는 자는 성령이 교회들에게 하시는 말씀을 들을지어다 이기는 그에게는 내가 감추었던 만나를 주고 또 흰 돌을 줄 터인데 그 돌 위에 새 이름을 기록한 것이 있나니 받는 자 밖에는 그 이름을 알 사람이 없느니라

기독교 역사 = 2천년 동안
불멸의 존재인 = 사도 바울이란 사람이 있음
아무도 흉내 낼 수 없을 정도로 = 위대한 능력을 지닌 사도 중에 사도임

이 위대한 = 대 사도인 바울이 이렇게 말했음
고린도전서 2장 3절 =
"내가 너희 가운데 있을 때 약하며 두려워하며 심히 떨었노라."고 했음

바울이 왜 떨었을까?
돈 때문일까? = 무서움 때문일까?
협박 때문일까? = 암 병 때문일까? 아님
사도 바울이 = 심히 떤 것은
하나님의 일을 하는 현장에서 = 성령님이 나타나지 않을까 봐 떨었음
바울이 = 하나님의 일을 해 보니까?
성령의 나타남이 없이는 = 안 되더라는 것임
그래서 심히 떨었던 것임

바울이 떨었다면 = 우리는 어떻게 해야 할까요?
더 많이 = 떨어야 할 줄로 믿음
그런데 문제는 = 바울은 떨었는데
오늘날 성도들은 = 안 떤다는 것임

뭐도 없으면서요? - - - 성령도 없으면서 - - - 떨지 않는 것이다.
왜 그러느냐?
성령의 나타남 없이도 = 될 줄로 착각하고 있기 때문임

성령의 나타남이 있으려면 = 그날이 분명해야 함

1) 그날 = (3.5 + 40일) + 오순절 성령세례
2) 영적인 주소 → 다소 → 다메섹 → 직가 → 아라비아 → 안디옥
3) 쪼개진 반석

※ 나는 성령세례도 받고, = 방언도 하고,
가끔가다 기도할 때 = 손도 떨리는 진동도 오고,
목사님이 안수 할 때 = 뒤로 나자빠지기도 하는데,
그런데 왜 나는 = 성령의 나타남이 만족하지 아니하고 시원찮을까?
여기에 대한 해답을 = 들으시기를 바람

하나님은 = 우리를 쓰시기 위해서
할 수 없이 인간을 쪼개기 위하여 = 지팡이를 사용하심
하나님이 사용하시는 = 지팡이는 이런 것들이 있음

1. 물질의 지팡이 = 돈, 재산, 사업
2. 질병의 지팡이 = 병
   하나님이 목적을 가지고 = 때리는 병은 절대로 낫지 않음
   그렇다고 죽지도 않음 = 쪼개려고 달라붙은 병임
   사명을 가지고 달라붙었기 때문에 = 그 사명을 다하기 전에는 나가지 않음
   쪼개져야 나감
3. 자식의 지팡이 = 타락, 불순종, 집나감, 죽음 등등
4. 아내, 혹은 남편의 지팡이 = 바람나고, 집나가고, 싸우고, 이혼 등등

5. 환경의 지팡이 = 우겨 쌈을 당함, 부끄러움을 당함, 어려움을 당함

찬양 = 1987장, "주님의 손길"
　　　 3513장, "모든 만민들아"

### 장소 지역에 나타난 성령 (라마나욧)

성령만 나타나면 신앙생활이 신바람 남 = 주님의 일을 하는데 신바람 남
기도가 신바람 나고, = 전도가 신바람 남
반대로 성령의 나타남이 = 분명하지 않으면 비극임
하나님의 성령은 = 때에 따라서 장소를 덮어버림

예) 한국의 어느 원로 목사님
기도도 많이 하시고 = 부흥회도 많이 하고
한국 교회에 큰 공헌을 하신 = 목사님이 임종을 맞이하게 되었음
그 목사님에게 = 가르침을 받고 은혜를 받은
제자 목사님들이 = 한 40여명이 모여서
임종을 맞이한 목사님을 위해 = 찬송도 부르고 기도도 함

그때 한 젊은 제자 목사님이 = 원로목사님 가까이 가서 귀에다 대고
"목사님 그 동안 = 우리에게 많은 것을 가르쳐 주셨는데
그동안 우리에게 = 미처 가르쳐 주지 못했던
가슴에 담고 있던 말이 = 있으면 가르쳐 주세요?
영적 비밀이 = 있으면 가르쳐주세요?"

그랬더니
"있지!" 하시면서 = 계시록 2장을 읽어보라는 거예요
그래서 40여명의 목사님들이 = 계시록 2장을 찾아서 읽기 시작했음
아무리 읽어도 = 영적비밀을 찾을 수가 없음
"목사님 아무리 읽어보아도 = 무엇이 영적인 비밀인지 알 수가 없음"
그랬더니
"버가모 교회에게 = 하신 말씀을 기억하라"는 것임

오늘 읽은 본문말씀 임

## 1. 요한계시록 2장 12-13절

"12 버가모 교회의 사자에게 편지하기를 좌우에 날선 검을 가진 이가 가라사대
13 <u>네가 사는 것을 내가 아노니 거기는 사단의 위가 있는 데라</u> 네가 내 이름을 굳게 잡아서 내 충성된 증인 안디바가 너희 가운데 곧 사단의 거하는 곳에서 죽임을 당할 때에도 나를 믿는 믿음을 저버리지 아니하였도다."

여기에서 위란 → 사단의 보좌, 사단의 진지, 사단의 사령부가 있다는 것임

그러므로 목사님들이나 성도들은
자기가 일하는 지역이나 = 살고 있는 장소의 영적 구조,
혹은 영적 상태를 = 알아야 한다는 것임

그러나 영적상태 구조를 모르면 = 백발백중 실패한다는 것임
이 원로 목사님이 = 임종하시기 전에
기가 막힌 영적 비밀을 = 젊은 목사님들에게 알려주셨던 것임

그러므로 성도들은 = 자기기 사는 지역, 도시, 동네,
집, 직장, 사업 터에 = 영적 상태의 구조를 잘 알아야 함
그래야 원수마귀를 = 이길 수가 있음

따라서 합시다. - "예수 이름으로 명하노니 원수마귀야 물러가라"

옆 사람에게 말합시다. = "영적 구조를 압시다."

버가모 교회는 = 사단이가 보좌를 베풀어둔 곳이기 때문에
교회에 = 큰 핍박이 있었던 것임
사단은 = 두루두루 돌아다니다가
어느 한 곳을 정하여 = 자기 보좌를 베풀고 그 지역을 점령해 버림

어떤 곳은 = 사탄이가 자리를 점령하고 있기 때문에
우리는 영적 구조를 잘 알아야 = 영적싸움에서 이길 수 있음

※ 성경에 보면 = 갈릴리 바다에서
예수님이 배를 타고 = 거라사라는 지방으로 건너가실 때에 풍랑을 만났음
주님은 주무시고, = 제자들은 죽을 뻔했음
그래서 주님을 깨웠더니 = 주께서 바람과 풍랑을 꾸짖어 잔잔케 하셨음
마치 = 인격체에게 하듯 하셨음

왜 바람과 풍랑이 = 일어났겠습니까?
그것은 예수님이 배를 타고 = 거라사라는 지방으로 가시게 되면
거라사 지방을 = 잡고 있는 악령들이
무슨 일이 일어날 것을 알기 때문에 = 예수님이 탄 배를 한번 흔들어 본 것임

꿈도 야무지지요. = 그러나 예수님은 눈 하나 깜짝하지 않으심
왜냐 바람과 풍랑의 = 배후를 알기 때문임

※ 마찬가지로 = 사도행전 27장에 보면
바울이 로마로 복음을 전도하러 = 알렉산드리아 호를 타고 가는데
지중해 연안에서 = 유라굴로라는 광풍이 배를 때려버렸음
그래서 좌초되어 버렸음 = 14일 동안 표류하면서 죽을 뻔 했음
그런데 바울이 = 로마로 가게 되면 어떤 현상이 일어나느냐
바울이 로마로 가게 되면 = 복음이 순식간에 세계로 전파되어버림

실크로드를 타고 = 동양에 복음이 전파되고,
마게도냐를 통하여 = 유럽으로 전 세계로 다 뻗어 나가버림
그렇기 때문에 = 로마를 틀어잡고 있는
어둠의 영이 바울을 = 로마로 못가도록 지중해에서 빠뜨려 버린 것임

이와 같이 = 어두움의 영들이
지역 지역을 또 장소 장소를 = 점령하고 있기 때문에
어두움의 영들과 = 싸워서 이기려면

먼저 자기가 처해 있는 지역의 = 영적 구조를 알아야 함

그래도 주님을 믿는 자는 = 다 승리하게 되어있음
왜냐하면 뒤에서 주님이 = 밀고 계시기 때문임
그러나 어두움의 영들은 = 자기가 할 짓은 다 해보는 것임
그렇다고 = 하나님의 사람들이 쓰러집니까?

우리도 우리가 일하는데 = 어둠의 영들이 가만히 있을 리가 없음
영적 싸움에서 = 이겨야 함

요즘 미국의 전도단들은 = 어느 지역에 갔을 때 바로 전도하지 않음
그 지역의 = 한 호텔을 빌려
일주일이고 이 주일이고 = 기도하고 찬송함
그 지역의 = 어둠의 영들이
물러갔다고 생각이 될 때 = 그때 나가서 전도함
우리도 우리가 거하는 지역에서 = 영적 싸움에서 이겨야 함

그렇기 때문에
이 세상 땅 지역 장소마다 = 영적 구조가 다 각기 다른데
이것은 사도 바울도 = 동일한 눈으로 보았음

## 2. 에베소서 6장 10-13절

[10] 종말로 너희가 주 안에서와 그 힘의 능력으로 강건하여지고
[11] 마귀의 궤계를 능히 대적하기 위하여 하나님의 전신 갑주를 입으라

[12] 우리의 씨름은 혈과 육에 대한 것이 아니요 정사와 권세와 이 어두움의 세상 주관자들과 하늘에 있는 악의 영들에게 대함이라
[13] 그러므로 하나님의 전신 갑주를 취하라 이는 악한 날에 너희가 능히 대적하고 모든 일을 행한 후에 서기 위함이라』

"우리의 싸움은 = 혈과 육에 대한 것이 아니요
정사와 권세와 = 이 어두움의 주관자들과
하늘에 있는 = 악의 영들에게 대함이라"

바울도 이 세상 일어난 = 영적 배경을 말함.
하늘에 있는 악의 영들 →
어두움의 주관 자 →
권세와 →
정사와 → 혈과 육을 지배하는 권세입니다.
혈과 육 → 가장 밖에서 나타나는 실체임.
이것은 마귀의 조직체이다.

바울은 로마의 정부의 조직체와 = 마귀의 조직체를 동일하게 보았음

교회의 = 조직체도 동일함
사도 바울이 = 그리스도인들은 핍박하기 위해서
다메섹으로 가다가 빛과 음성을 들었음 = 그리고 꺼꾸러졌음
"사울아, 사울아 네가 어찌하여 나를 핍박하느냐"
바울은 한 번도 = 예수를 핍박한 적이 없음
그런데 주님은 = 자신을 핍박했다고 하셨음

이것은 교회와 주님은 = 하나라는 것을 말함

교회는 현상이요 그림자요 = 실체는 주님이심

그러므로 = 우리는 싸울 때

혈과 육 = 보이는 표면에 대해서 싸우지 말고

그것을 주장하는 = 하늘의 악의 영과의 싸움임

그 뿌리를 쳐버리면 = 보이는 이 땅의 모든 세력은 그냥 무너져 버림

보세요, 이 땅의 모든 = 조직체 정부, 회사, 기관 심지어 계모임까지도

그 뒤에서 미는 = 영의 실체가 있다는 것임

정신을 차려야 됨

성도들이 아무것도 모르고 = 세상 사람들이 하는

어떤 모임에 가입하여 = 활동하고 또 계모임에 들고 하는데

될 수 있는 한 = 그런 모임에는 가입하지 마시기를 바람

찬양 -388장 "마귀들과 싸울지라"

### 3. 더 선명한 것은 = 다니엘 10장 12-14절

12 그가 이르되 다니엘아 두려워하지 말라 네가 깨달으려 하여 네 하나님 앞에 스스로 겸비케 하기로 결심하던 첫 날부터 네 말이 들으신 바 되었으므로 내가 네 말로 인하여 왔느니라

13 그런데 바사국 군이 이십 일일 동안 나를 막았으므로 내가 거기 바사국 왕들과 함께 머물러 있더니 군장 중 하나 미가엘이 와서 나를 도와주므로

14 이제 내가 말일에 네 백성의 당할 일을 네게 깨닫게 하러 왔노라 대저 이 이상은 오래 후의 일이니라

다니엘의 = 그 유명한 21일 금식기도가 나옴 (세 이레 기도)

다니엘이 = 21일 금식을 하는데
첫날 하나님이 = 다니엘의 기도를 들으시고 응답을 하셨음
그리하여 하나님께서 = 가브리엘에게 응답을 주셔서 다니엘에게 보냈음
그런데 바사군 = 하늘의 악의 영들
사단마귀에게 = 가브리엘 천사가 붙잡혀서
다니엘에게 = 못가는 것임
그래서 하나님께서 보시고 = 싸움 전문 꾼 미가엘 에게
"미가엘아 = 너 빨리 내려가서
가브리엘 천사를 막고 있는 = 악의 영들을 물리치고 통로를 뚫어 주어라!"
고 하셨음

그래서 미가엘 천사가 = 번개 같이 내려와
가브리엘 천사를 막고 있는 = 사단의 군대를 쳐 부시고 통로를 뚫어서
가브리엘이 다니엘에게 = 응답을 가지고 오게 된 것임

그 내용이 바로 = 방금 읽은 본문임
다시 한 번 = 다니엘 10장 12-14절을 다 같이 읽겠음
12 그가 이르되 다니엘아 두려워하지 말라 네가 깨달으려 하여 네 하나님 앞에 스스로 겸비케 하기로 결심하던 첫 날부터 네 말이 들으신 바 되었으므로 내가 네 말로 인하여 왔느니라
13 그런데 바사국 군이 이십 일일 동안 나를 막았으므로 내가 거기

바사국 왕들과 함께 머물러 있더니 군장 중 하나 미가엘이 와서 나를
도와주므로
14 이제 내가 말일에 네 백성의 당할 일을 네게 깨닫게 하러 왔노라
대저 이 이상은 오래 후의 일이니라


가브리엘이 21일 만에 = 다니엘에게 내려와서
이렇게 늦게 오게 된 동기를 = 다니엘에게 설명하는 것임
"다니엘아 네 기도를 = 하나님께도 첫날에 들으시고
너의 기도의 응답을 = 가지고 내려오는데
나를 막는 바사군이 = 나를 막음으로 내가 이제 왔노라."
여기에서 왜 하늘의 있는 악의 영들이라 하지 않고
바사군이 = 나를 막았다고 했는가?
이것은 = 다니엘이 바사 나라에서
자기 나라 이스라엘을 위해서 = 기도했기 때문에 바사군이라고 했음
만일에 다니엘이 = 북한에서 기도했더라면 뭐라고 했을까요?
아마 "인민군이 = 나를 막으므로 이제 왔노라" 했을 것임

잘 들으세요?
☞ 이 땅의 모든 조직, = 군대, 국가가 있기 위해서는
  그것을 미는 = 영의 힘이 있음
  이 땅의 모든 권력 구조나, = 조직이나, 단체나 심지어 계모임까지
  라도 그 조직이 생기기 전에 먼저 = 그 배경인 영적 구조가 미리 생김

북한의 김정일 체제 - 독일의 히틀러 - 로마의 네로 -

☞ 세상의 음악을 = 하는 자들 혹은 공연들도
그 배후에 악의 영들이 = 밀고 있는 것임
영적인 세계는 무서움 = 정신을 차려야함

우리 한 번 = 성령의 불을 받아서
우리가 사는 지역의 = 원수 마귀를 다 몰아내 봅시다.
영적인 구조는 = 어둠의 세계도 있지만
성령의 세계에도 = 영적 구조가 있음

그러므로 사람마다 = 각각 영의 힘이 있음
뒤에서 미는 영의 힘에 의해 = 우리의 삶의 실체가 나타남

자 보세요? = 예를 들면 제가 손가락을 펴면
그림자는 몇 개일까? = 다섯 개임
그러나 그림자인 개수를 = 열개로 늘리려면
그림자를 늘려서는 = 절대로 늘어나지 않음
그림자를 늘리려면 = 실체 물질 손가락을 늘려야 함

그러므로 = 이 땅에서는
그림자가 현상이고 = 물체가 실체인데 반해
영적인 세계에는 = 그 반대임
영의 세계가 실체이고, = 이 땅의 나타나는 것은 현상임

그러므로 우리는 = 우리를 미는 영의 실체가 커야
우리의 삶이 실체가 = 크게 나타남

그러므로 여러분 = 요령 피우지 말고
열심을 품고 기도해서 = 나를 미는 영의 힘을 키워야 함

따라서 합시다. = 주여, 나를 밀어주세요.

찬양 -2448장, "나의 등 뒤에서"

사무엘상 19:18-24, 라마나욧(삼상 19:18-24, 개역)
[18] 다윗이 도피하여 라마로 가서 사무엘에게로 나아가서 사울이 자기에게 행한 일을 다 고하였고 다윗과 사무엘이 나욧으로 가서 거하였더라
[19] 혹이 사울에게 고하여 가로되 다윗이 라마 나욧에 있더이다 하매
[20] 사울이 다윗을 잡으려 사자들을 보내었더니 그들이 선지자 무리의 예언하는 것과 사무엘이 그들의 수령으로 선 것을 볼 때에 하나님의 신이 사울의 사자들에게 임하매 그들도 예언을 한지라
[21] 혹이 그것을 사울에게 고하매 사울이 다른 사자들을 보내었더니 그들도 예언을 한고로 사울이 세 번째 다시 사자들을 보내었더니 그들도 예언을 한지라
[22] 이에 사울도 라마로 가서 세구에 있는 큰 우물에 이르러 물어 가로되 사무엘과 다윗이 어디 있느냐 혹이 가로되 라마 나욧에 있나이다
[23] 사울이 라마 나욧으로 가니라 하나님의 신이 그에게도 임하시니 그가 라마 나욧에 이르기까지 행하며 예언을 하였으며
[24] 그가 또 그 옷을 벗고 사무엘 앞에서 예언을 하며 종일 종야에 벌거벗은 몸으로 누웠었더라 그러므로 속담에 이르기를 사울도

선지자 중에 있느냐 하니』

## 4. 사무엘상 19장

　　　　　사울 왕이 = 다윗을 잡기 위해서 혈안이 되었음
그리고 사울 왕의 군대가 = 다윗을 집요하게 따라다녔음
그러던 어느 날 = 사울의 신하들이 왕에게 보고를 함
"왕이여 우리가 = 찾고 있는 다윗을 찾았음"
"어디 있더냐?"
"네 저 라마나욧 이라는 곳에 = 선지자 사무엘과 함께 있더이다."
"그놈을 당장 잡아 오너라 = 쥐새끼 같은 놈!"
그래서 사울의 군대가 = 다윗을 잡으러 라마나욧으로 갔음

☞ 라마나욧에 가서 = 어느 지역을 통과하려고
　　　　발을 들여놓는 순간 = 갑자기 가슴이 뭉클해짐
그리고 가슴이 찡 하면서 = 눈물이 핑 돔
그리고 온몸이 = 벌 벌 벌 떰
"야 내가 왜 이러지? = 너도 그러냐?
왜 중풍기가 오냐, = 왜 중풍기가 단체로 오냐 참 이상하다"
다윗과 사무엘이 = 있는 곳으로 더 가까이 가는데
더 심하게 떨리고 입에서 욕이 나옴 = 책망이 나옴
"야 너 이놈아! = 너 빨리 집으로 안 가,
너 이놈 죽을래, = 내 사랑하는 다윗을 잡아"
하면서 자기가 자기를 = 책망하고 욕하는 것임
그래서 잡지 못하고 = 결국은 돌아갔음

왕이 = 다윗을 잡아왔느냐?
"왕이여 우리가 = 다윗을 잡으러 라마나욧에 들어가니까
가슴이 벌렁벌렁 거리고, = 눈물이 핑 돌고, 코끝이 찡 하고,
손발이 벌벌 떨려서 = 눈앞에서 보고도 더 이상 갈 수 없어서 못 잡았음"

☞ 그 다음에는 다른 군사를 = 또 그 다음에 다른 군사들을
다 보내도 똑같은 현상이 일어나서 = 잡지를 못하는 것임

☞ 그래서 이번에는 = 사울 왕이 직접 다윗을 잡으러 갔음
   사울 왕이 라마나욧에 가서 = 어느 한 지점을 통과하는데
   이번에는 손과 발이 = 떨리는 정도가 아니라
   옷을 다 벗고 = 땅바닥에 벌렁 드러누워 버렸습니다.
   그리고 예언을 함

그러면 라마나욧 이라는 곳이 = 무엇이기에 어떤 곳이기에
이곳에 사람들이 들어가기만 하면 = 벌벌 떨고 예언을 하느냐는 것임

☞ 이곳은 하늘의 영이 = 이 장소를 덮고 있는 곳임
   물이 = 바다를 덮고 있듯이
   성령이 이 라마나욧을 = 확 덮고 있기 때문에
   이곳에 그 어떤 자도 = 들어오기만 하면 역사가 일어나는 것임

우리 교회가 = 이렇게 되기를 바람
여러분 가정이 = 이렇게 되기를 바람

여러분 가족이 = 이렇게 되기를 바람

☞ 그래서 위대한 하나님의 종들은 = 절대로 그냥 설교 하지 않음
　먼저 하늘의 비파인 = 찬송을 통해서
　어두움의 영들을 = 몰아내고 설교를 시작함

마치 옛날의 시골에서 = 어머니들이 간장을 끓일 때
거품이 올라오면 한번 거둬내고, = 또 거둬내듯이
우리들도 기도를 하던 = 말씀을 듣던지 간에
이 찬양을 통해서 = 어두움의 영을 몰아내야 할 것임

조용기 목사님 = 아아 주의 사랑 크고
베니힌 목사님 = 찬송40장 후렴 "주님의 높고 위대하심이"
무디 = 생키가 나와서 "죄 짐 맡은 우리 구주"
요한 웨슬리 = "천부여 의지 없어서"
백기호 목사 = 나 주님의 기쁨 되기 원하네, 두 손 들고 찬양합니다.

☞ 하늘의 비파인 = 찬양의 능력은 주로 후렴에 있음
　그러므로 = 여러분 기도할 때 예배드릴 때
　여러분에게도 = 이 하늘의 비파가 입에 물려져서
　어두움의 영을 = 몰아내시기를 바람

그러면 기도가 잘 되고, = 말씀이 잘 들림 = 은혜가 임함
그래서 주일 날 예배드리기 전에 = 전심으로 찬양을 하므로
어두움의 영을 몰아내야 = 예배를 성공할 수 있음

그러므로 앞으로 우리 교회를 = 라마나욧으로 만들어야 될 줄로 믿음
여러분의 가정을 = 라마나욧으로 만들어야 될 줄로 믿음

☞ 삼림욕이라는 것 알아요? = 들어 봤어요?
   삼림욕은 될 수 있는 한 = 노출을 많이 하여
   산길을 걸으며 = 맑은 공기로 샤워를 하는 것임
   신선한 공기로 = 목욕을 하는 거지요.
   맑은 공기가 덮고 있는 = 장소를 지나가면 상쾌해짐

이렇듯 = 성령이 덮고 있는 곳을
지나가게 되면 = 성령으로 샤워를 하게 됨
성령으로 목욕을 하는 것임 = 그래서 영과 육이 상쾌해 지고 행복해 짐
여러분 모두다 = 라마나욧을 이루시기를 바람

그러므로 = 성령이 덮고 있는 장소에
누구든지 들어오면 = 성령으로 목욕을 하는 것임
그래서 평안함을 느낌 = 처음 나온 성도라 할지라도 가슴이 시원함

찬양 – 680장 "성령 받으라"
       1174장, "참 참 참 피 흘리신"

# 5 /

## 베드로전서 2:9-10

# 성령의 기름부음

벧전 2:9-10, 개역

[9] 오직 너희는 택하신 족속이요 왕같은 제사장들이요 거룩한 나라요 그의 소유된 백성이니 이는 너희를 어두운 데서 불러내어 그의 기이한 빛에 들어가게 하신 자의 아름다운 덕을 선전하게 하려 하심이라

[10] 너희가 전에는 백성이 아니더니 이제는 하나님의 백성이요 전에는 긍휼을 얻지 못하였더니 이제는 긍휼을 얻은 자니라

기독교 역사 = 2천년 동안
불멸의 존재인 = 사도 바울이란 사람이 있음
아무도 흉내 낼 수 없을 정도로 = 위대한 능력을 지닌 사도 중에 사도임

이 위대한 = 대 사도인 바울이 이렇게 말했음
고린도전서 2장 3절 =
"내가 너희 가운데 있을 때 약하며 두려워하며 심히 떨었노라."고 했음

바울이 왜 떨었을까?

돈 때문일까? = 무서움 때문일까?

협박 때문일까? = 암 병 때문일까? 아님

사도 바울이 = 심히 떤 것은

하나님의 일을 하는 현장에서 = 성령님이 나타나지 않을까 봐 떨었음

바울이 = 하나님의 일을 해 보니까?

성령의 나타남이 없이는 = 안 되더라는 것임

그래서 심히 떨었던 것임


바울이 떨었다면 = 우리는 어떻게 해야 할까요?

더 많이 = 떨어야 할 줄로 믿음

그런데 문제는 = 바울은 떨었는데

오늘날 성도들은 = 안 떤다는 것임


뭐도 없으면서요? ― ― ― 성령도 없으면서 ― ― ― 떨지 않는 것이다.

왜 그러느냐?

성령의 나타남 없이도 = 될 줄로 착각하고 있기 때문임


그러므로 성령의 나타남이 있으려면 = 그날이 분명해야 함


1) 그날 = (3.5 + 40일) + 오순절 성령세례

2) 영적인 주소 → 다소 → 다메섹 → 직가 → 아라비아 → 안디옥

3) 쪼개진 반석


※ 나는 성령세례도 받고, = 방언도 하고,

가끔가다 기도할 때 = 손도 떨리는 진동도 오고,
목사님이 안수 할 때 = 뒤로 나자빠지기도 하는데,
그런데 왜 나는 = 성령의 나타남이 만족하지 아니하고 시원찮을까?
여기에 대한 = 해답을 들으시기를 바람
하나님은 = 우리를 쓰시기 위해서
할 수 없이 = 인간을 쪼개기 위하여
지팡이를 사용하시는데 = 하나님이 사용하시는 지팡이는 이런 것들이 있음

  1. 물질의 지팡이 = 돈, 재산, 사업
  2. 질병의 지팡이 = 병,
하나님께서 목적을 가지고 = 때리는 병은 절대로 낫지 않음
그렇다고 죽지도 않음 = 쪼개려고 달라붙은 병임
사명을 가지고 달라붙었기 때문에 = 그 사명을 다하기 전에는 나가지 않음
쪼개져야 나감
  3. 자식의 지팡이 = 타락, 불순종, 집 나감, 죽음 등등
  4. 아내, 혹은 남편의 지팡이 = 바람나고, 집나가고, 싸우고, 이혼 등등
  5. 환경의 지팡이 = 우겨 쌈을 당함, 부끄러움을 당함, 어려움을 당함

찬양 – 3513장, "모든 만민들아"
      1987장, "주님의 손길"

4) 장소, 지역에 나타난 성령, (라마나욧)
이 세상 땅 지역 장소마다 = 영적 구조가 다 각기 다른데
이것은 사도 바울도 = 동일한 눈으로 보았음

☞ 에베소서 6장 10-13절 =

"우리의 싸움은 = 혈과 육에 대한 것이 아니요

정사와 권세와 = 이 어두움의 주관자들과

하늘에 있는 = 악의 영들에게 대함이라."

바울도 이 세상 일어난 = 영적 배경을 말함

혈과 육 → 가장 밖에서 나타나는 실체임

정사와 →

권세와 →

어두움의 주관 자 →

하늘에 있는 악의 영들→

이것은 = 마귀의 조직체임


삼상 19:18-24, 라마나욧


## 성령의 기름부음

벧전 2:9, "오직 너희는 택하신 족속이요 왕 같은 제사장들이요 거룩한 나라요 그의 소유된 백성이니 너희를 어두운데서 불러내어 그의 기이한 빛에 들어가게 하신 자의 아름다운 덕을 선전하게 하려 하심이라."

구약시대에는 = 하나님께서

세 가지 종류의 사람에게 = 기름을 부어 주셨음

첫째-선지자, 둘째-제사장, 셋째-왕

이와 같이 = 구약 시대에 3대 기름부음처럼
오늘날도 = 성령의 기름이 부어지면
그 사람에게 = 이 세 가지의 3대 능력이 나타남
선지자의 권세, 제사장의 권세, 왕의 권세가 나타남
성령에 의해서 = 이 3대 권세가 확 밀려나옴
구약시대의 기름부음은 = 신약시대의 성령세례와 같은 것임
나사렛 예수에게 = 성령을 기름 붓듯 하셨다고 했음

누가복음 4장 18-19절, "주의 성령이 내게 임하셨으니 이는 가난한 자에게 복음을 전하게 하시려고 내게 기름을 부으시고 나를 보내사 포로 된 자에게 자유를, 눈먼 자에게 다시 보게 함을 전파하며 눌린 자를 자유케 하고, 주의 은혜의 해를 전파하게 하려 하심이라 하였더라."

기름부음의 = 3대 권세를 말함

## 1. 사무엘상 16장 1절

구약시대에 = 사무엘이라는 선지자가 있었음
사무엘이 하루는 = 새벽기도를 하고 있는데 하나님의 음성이 들렸음
"사무엘아! 사무엘아!" = "주여 누구시나이까?"
"지금 너의 나라 왕이 누구냐?" = "예, 사울임"
"사울, 내가 오늘부터 사울을 버렸다 = 새로운 왕을 세우리라"
왜요? = 그놈은 교만해서 쓸 수 없노라,
너는 내일 = 양각에다 기름을 채워서
베들레헴이라는 = 곳에 가서

이새의 아들 중에서 = 기름을 부어 새로운 왕을 삼으라!"

사무엘이 = 여호와의 명을 듣고 갔음.

베들레헴 사람들이 = 발칵 뒤집어 졌음

그때만 해도 = 사무엘이 국가 최고의 영적지도자임

"선지자여 = 어찌하여 우리 동네에 오셨나이까?
우리는 = 죄를 짓지 아니하였는데…"
"아니다, 아니다 = 나는 죄 짓는 놈만 잡으러 다니는 것이 아니다.
너희 동네에 = 좋은 일이 일어났느니라!"
"너의 동네에 = 이새란 사람이 사느냐?"
"사는데요!"
"내가 그 집에 볼일이 있어서 왔노라 = 나를 그 집으로 인도 하여라!"
"그 집으로 가지 말고 = 우리 집으로 가시지요!"
"아니다, 아니다. = 여호와께서 그 집으로 가라 하셨느니라." "그러면 따라오세요."
똑 똑 똑 = "이새 있는가?"
이새가 나와 보니 = 그 앞에 사무엘이 서 있는 것을 보고
얼마나 놀랐는지 = 코를 땅에다 쳐 박고 궁둥이는 하늘로 치켜들고
"선지자여 잘못한 것이 없는데 = 왜 나를 잡으러 오셨나이까?"
"잘못한 놈만 잡으러 온 것이 아니다. = 너희 집에 좋은 일이 일어났다."
"무슨 일인데요?"

☞ "들어가서 이야기하자 = 여호와께서 네 아들 중에서 왕을 세우려 하신다.

　빨리 네 아들들을 = 불러 모아라"

이새가

"이새의 새끼들아! = 내 새끼들아 빨리 모여라

경사로다, 경사로다 = 이것이 꿈이냐 생시냐 꼬집어보자!"

제일 큰놈부터 = 장롱에 있는 새 옷을 꺼내어 입히고,

머리를 빗기고, = 큰놈부터 순서대로 세웠음

도, 레, 미, 파, 솔, 라, 시, = 일곱을 다 세웠음

왕 선발대회가 열린 것임

☞ 사무엘이 제일 큰놈을 보는 순간 = 한눈에 뿅 가버렸음

반해버렸음 = 너무너무 잘 생겼음

준수하고, 미남이고, = 눈도 서글서글하게 생겼고,

또 구약에는 하나님도 = 첫 새끼를 좋아하시니까 물어볼 것도 없음

"너 이리 나와 = 너 오늘부터 왕이다 머리 갔다대라!"

하고 기름을 부으려 하는 순간 = 하나님께서 사무엘에게

"사람은 외모를 보거니와 나 여호와는 중심을 보시느니라."

"아야 들어가, 들어가 = 하나님이 껍데기 안 보신 댄다."

☞ 둘째 앞으로 = 둘째가 나왔음

"야 기름을 붓자 네 형은 탈락이다. = 머리 갔다 대봐라

여호께서 OK 하시면 = 너는 오늘부터 왕이다."

하나님이 = "그도 아니다."

☞ 셋째 앞으로 = 셋째가 입이 찢어졌음

"할렐루야! 찬스 잡았다. = 그러면 그렇지

형님들 왕 안 시켜 = 형님들은 나쁜 놈들이야

어릴 때부터 = 내 것 다 뺏어 먹었어!"
기름을 부으려 하니까 = "그도 아니다."

☞ 넷째 = 그도 아니다.
　다섯째 = 그도 아니다.
　여섯째 = 그도 아니다.
　일곱째 = 그도 아니다.
사무엘이 내가 계시를 잘못 받았나? = 사무엘이 말하기를
"이새야 여기에 있는 네 아들이 다냐?" = "하나가 있기는 더 있습니다만..."
"어디 있느냐?" = "저 들에서 양들을 지키고 있는데
그놈이 왕을 하면 나라가 망함 = 내가 일단 수능에서 탈락 시켰음"
"아니다. 아니다. = 하나님은 외모를 보시지 않는다. 데려와 봐라"
"선지자여 = 내 새끼를 내가 더 잘 알지요!"
성경에 이렇게 = 기록되어 있음.
"이중에서 = 다시 한 번 더 찾아보시지요?"
다윗은 그렇게 = 아버지에게서도 인정을 못 받았음

☞ 꼴찌야 막내야 = 선지자가 널 찾으신다.
　　다윗이 오는데 = 생긴 것이 꼭 멸치처럼 바싹 말랐고,
　　옷도, 무릎 팍 엉덩이 = 다 떨어져 너덜너덜하고
　　꼴찌라 형님들 입던 = 옷을 물려 입으니 오죽 하겠소
　　지팡이를 돌리며 = 콧노래를 부르며 옴
　　사무엘이 가만히 보니까 = 다른 데는 볼 것이 없는데 눈이 빼어났음

사무엘이

"네 이름이 무엇이냐" = "다윗임"

"아따 그놈 목소리 한번 크다. = 애 떨어질 뻔했다 뭐하다 왔느냐?"

"형님들 왕 선발 대회 한다기에 = 내가 양을 지키다 왔음"

"그래 너 이리와 머리 갔다 대봐라 = 여호와가 OK하시면 너는 오늘부터 왕이다."

머리를 갖다 대고 = 기름을 부으려 하니까

여호와가 말씀하시기를 = "내가 찾는 자가 그니라"

할렐루야!

오늘 이 시간에 = 이 자리가 그렇게 되기를 원함

하나님이 택하여 = 기름을 부으려고 하시는데

여러분이 = 선발되시기를 바람

따라서 합시다. = 하나님이 찾는 자가 당신임

아무리 봐도 = 당신밖에 없음

찬양 −1288장 "반드시 내가 너를"
　　　219장 "주의 음성을 내가 들으니"

사무엘이 = 다윗의 머리에 기름을 부으니

그 기름이 머리에서 어깨를 타고 = 에봇에 흘러내려 갔음

그 날 이후로 어린 다윗의 육체에 = 성령이 충만히 덮어 버렸음

따라서 합시다. = 주여, 주시옵소서!

## 2. 사무엘상 16장 12-13절

"이에 보내어 그를 데려오매 그의 빛이 붉고 눈이 빼어나고 얼굴이 아름답더라. 여호와께서 가라사대 이가 그니 일어나 기름을 부으라, 사무엘이 기름 뿔을 취하여 그 형제 중에서 그에게 부었더니 이 날 이후로 다윗이 여호와의 신에게 크게 감동 되니라 사무엘이 떠나서 라마로 가니라."

"이날 이후로 다윗이 여호와의 신에게 크게 감동 되니라."
어린 다윗은 = 사무엘 한 번 잘 만났다가
성령의 = 큰 능력을 받았음
자 그러면 기름부음 받은 뒤에 = 어떤 일이 일어났는지 보세요?
이날 이후로 성령의 나타남이 강하게 나타나게 하소서

이날 이후로 1. 위대한 정치가요.
          2. 위대한 시인이요
          3. 음악가이며
          4. 장군

☞ 이스라엘에 = 불레셋과 전쟁이 일어났음(사건이 일어난다)
이 전쟁은 순전히 = 다윗을 위해 일어났음
무명의 다윗을 = 스타로 뽑아내려고 일어났음
이와 같이 = 기름부음이 임하면
우리 주변의 환경이 = 기름부음 받은 자 중심으로 움직이기 시작함이 전쟁은 겉으로 보기에는= 이스라엘에게 저주와 같아도 축복임.
전쟁이 일어나니까 = 이새의 아들들이 전쟁에 불러 갔음

하루는 = 이새가 다윗을 불러서
"막내야 = 이리 오너라
이 떡 보따리를 가지고 = 형님들 면회 좀 갓다 오너라
니 형들이 싸우느라 = 배고프지 않겠느냐 빨리 갔다오너라."
다윗이 = 전쟁터에 갔더니
형님들이 전쟁은 안 하고 = 머리를 땅에다 쳐 박고
엉덩이를 하늘로 치켜들고 = 벌 벌 벌 떨고 있는 것임
다윗이 가까이 다가가서 = 형님 엉덩이를 탁 치면서 "형님 뭐하는 거요?"
"뭐는 뭐냐 이놈아 빨리빨리 숨어 = 이것은 전쟁놀이가 아니야 진짜 전쟁이다."
"진짜 전쟁이면 싸워야지 = 왜 대가리는 박고 있어요?"
"그게 아니다 = 저 건너편 좀 봐라 9척 장사가 있는데
저것은 인간이 아니다 = 괴물이다 괴물 어서 숨어라
저놈이 = 대표 한사람만 나와 싸워서
이기는 자에게 나라를 갖다 바치자고 = 저렇게 소리를 고래고래
지르고 있단다."

그 말은 들은 다윗에게 = 다윗의 속에 있는 성령님께서 발동하기 시작하심
"네가 나가거라. = 네가 나가거라."

☞ 성령 충만 받은 자의 특징이 나타나는데
  ① 환경 전체가 = 그 사람 중심으로 움직임
  ② 이 속에서 = 성령의 충동을 받음

"네가 나가라."
그리고 사람이 = 겁이 없어짐. 담대해짐

그때 다윗이 뛰어나가,
"이스라엘 형님들이여 = 저 골리앗은 기골이 장대하나 하나님이 버린 자 임"
"내가 만군의 여호와의 이름으로 나가서 저놈의 목을 잘라 오겠습니다."
그랬더니 성경에 보니까 = 다윗의 형들이 막 꾸짖었다고 했음.
"들어가 새끼야 = 빨리 가서 양이나 돌봐"
그때 그 소문이 = 사울에게까지 들어갔음

사울왕은 그때 = 국무회의를 주관하고 있었음
"이 장관 이 난관을 = 어떻게 하면 좋겠소?"
"왕이여 저쪽에서 자꾸 왕더러 나오라 하시니 = 왕이 나가셔야 할 것 같음"
"뭐야 목숨이 둘 인줄 아느냐?" = "김 장관의 생각은 어떻소?"
"아무리 생각을 해봐도 = 왕이 나가시는 게 좋겠음"
"이놈들이 = 나를 잡아먹으려고 해?"
그때 사신이 = 급히 들어와 보고함

"왕이여 = 베들레헴 출신인 다윗이란 자가
왕을 대신하여 = 나가 싸우겠다고 함"
"빨리 데려 오너라" = 사울의 구세주가 나타난 것임
데려와 보니 좀 큰놈 인줄 알았더니 = 애새끼가 발발거리며 옴
"네 이름이 무엇이냐 = "다윗" 입니다."
"아따 그놈 목소리 한번 크다 = 네가 무엇을 하겠다는 것이냐?"
"골리앗의 머리를 베어다 = 왕에게 드리겠나이다."
사울이 워낙 다급한지라 = 찬밥 더운밥 안 가리고
다윗에게 자기의 갑옷을 입힘 = 갑옷이 너무 커서 맞지 않음
이번에는 칼을 줌 = 다윗은 무거워서 들지도 못함

다윗은 그냥 = 맨몸으로 싸우러 감
가다가 = 개울을 건널 때
반질반질한 돌맹이 = 다섯 개를 주워 주머니에 넣고
허리끈을 풀어 반으로 접어서 = 그 속에 돌맹이 하나를 넣고
살살 돌리면서 = 콧노래를 부르면서
(여호와는 나의 목자시니 내게 부족함이 없으리로다)
골리앗 앞으로 감
대상 20:1-8, 장대한 자의 소생이라도 다윗의 손과 그 신복의 손에 다 죽었더라.

골리앗이 자세히 쳐다보니까 = 어른도 아닌 애새끼 하나가
갑옷도 안 입고, = 칼도 안 가지고,
무엇인가 = 살살 돌리면서 오는 것임
"저게 뭘까?" = "뭐긴 뭐냐 인류가 최초로 개발한 미사일이다.

이놈아, = 맞아보면 알 것이다."
다윗이 가까이 가서 = 한방을 날렸더니 이마에 명중했음
한 방 맞고 = 골리앗이 쓰러져버렸음
다윗이 목을 잘라 돌아오니 = 전쟁은 이스라엘 승리로 끝나버리고 만 것임
그 후에, 이스라엘 백성들이 = 노래를 부르기를
'사울은 천천이요, = 다윗은 만만이로다!'
사울을 따르던 분위기가 = 확 바뀌어 다윗 쪽으로 기움
기름부음을 받으면 = 이런 역사가 일어남

다윗이 = 유명한 사람이 된 것은
골리앗을 = 죽임으로가 아니고
다윗이 기름부음을 받을 때 = 이미 유명한 자가되었음

☞ 기름 부음이 임한 다윗은?

1. 위대한 시인
시편 23편은 = 인류역사상 인간이 만든 시중에서 가장 유명한 시
(1) 여호와는 나의 목자시니 내가 부족함이 없으리로다
(2) 그가 나를 푸른 초장에 누이시며 쉴만한 물 가으로 인도하시는도다
(3) 내 영혼을 소생시키시고 자기 이름을 위하여 의의 길로 인도하시는도다
(4) 내가 사망의 음침한 골짜기로 다닐지라도 해를 두려워하지 않을 것은 주께서 나와 함께 하심이라 주의 지팡이와 막대기가 나를 안위하시나이다
(5) 주께서 내 원수의 목전에서 내게 상을 베푸시고 기름으로 내 머리에 바르셨으니 내 잔이 넘치나이다

(6) 나의 평생에 선하심과 인자하심이 정녕 나를 따르리니 내가 여호와의 집에 영원히 거하리로다

이 시 하나로 = 박사가 백 명이 더 왔음
다윗이 기름부음의 능력으로 = 툭툭 밀려나온 것임
설교도 기름부음의 능력으로 = 툭 밀려나와야 하고,
기도도 기름부음으로 = 툭툭 밀려나와야 함

칼빈이 기독교강요를 26세에 썼음 = 왕에게 쓴 편지임
편지를 누가 연구해서 씁니까? = 그냥 술술 쓰면 되지요.
그런데 = 장로교 목사님들은
이 칼빈의 기독교강요를 = 머리 싸매고 연구해도 다 이해 못함
전적 부패, 전적 타락, 무조건 선택, 불가항력적 은혜, 성도의 견인.
칼빈의 이 5대 교리는 = 기름부음의 능력으로 밀려나온 것임

시편의 수없는 다윗의 시들이 = 기름부음의 능력으로 밀려나와 쓴 것임

2. 위대한 정치가
다윗이 왕을 할 때에 = 주변국가의 이방 나라들이 꼼짝 못했음
전 팔레스타인이 = 손 안에 들어왔음
이와 같이 = 다윗이 정책을 잘해서가 아니라
기름부음의 능력이 = 있기 때문에 다스림을 받음

그런데 장로 집사 하나도 = 다스리지 못함
왜 그러느냐? = 기름부음의 능력이 없기 때문임

기름부음의 능력이 없이는 = 교회의 다스림이란 불가능함
요즘 거역의 영이 = 교회에 판을 치고 있음
목사하나만 넘어뜨리면 = 교회 망해 버림
그래서 요즘 성도들이 = 목사님 말씀 안 들음

자식 하나도 = 다스림 속으로 안 들어옴
3. 위대한 음악가
다윗이 수금을 탈 때 = 사울에게 들었던 악신이 물러갔음
그러므로 우리에게 기름부음이 임해버리면 = 다윗과 같은 역사가 나타남

찬송도 기름부음이 임하면 = 음악 실력과 상관없이 가슴이 시원함
은혜가 넘침 = 그러니까 기름부음이 임해야함
그러면 우리에게도 = 다윗의 비파가 들려짐

4. 위대한 장군
백전백승임 = 우리도 영적 싸움에서 이겨야 함
기름부음을 받은 다윗은 = 자기보다 몇 배 힘이 쎈
골리앗도 = 한방에 날려버림
다윗이 다윗 됨은 = 다윗의 실력이 아니라 기름부음의 역사임

그런데 마귀는 = 자꾸 우리의 영적 관점을 빼앗아버림
너는 실력이 없어서 그런다. = 너는 힘이 없어서 그런다.
너는 못 배워서 안 된다. = 너는 돈이 없어서 못한다.
자꾸 우리의 영적 점을 = 다른 데로 빼앗아버림

기름부음을 받게 되면 = 이러한 권세가 나타남 (기름부음의 사건이 임하면)


☞ 선지자의 권세 = 하나님의 뜻을 먼저 받고 가르침(요일2:27)
　　　　　　　　성령이 가르치심(고전2:15-16) (내적 가르침)
선지자는 하나님의 뜻을 아는 것을 가르치심 (모든 것을 가르치심)
가르침의 종류 –외적 가르침 (성경공부, 제자훈련)
　　　　　　　내적 가르침 (기름부음의 가르침, 요한일서 2장 27절)
　　　　(선지자의 권세 –환상이 열림, 신령한 꿈을 꿈)
꿈의 종류 – 하나님이 주신 꿈, 마귀가 주는 꿈, 잠재의식(개꿈)


☞ 제사장의 권세 = 백성들의 문제를 해결함(상담),
　　　　　　　　병을 고침, 중보 기도함
　　　　　　　　기름부음의 기도는 무서운 능력을 발휘함
　　　　　　　　기도는 하나님과 심리전에서 이겨야함


☞ 왕의 권세 = 힘의 대명사, 모든 면에서 힘이 옴
　　　　　　　능력, 권세, 사람을 다스리는 권세,
　　　　　　　나라가 임함, 환경을 극복함, 원수가 물러감,
　　　　　　　사역 장이 넓어짐, 말의 권세가 따름,

# 6

## 고린도전서 12:12-27

## 성령의 마심

고전 12:12-27, 개역

[12] 몸은 하나인데 많은 지체가 있고 몸의 지체가 많으나 한 몸임과 같이 그리스도도 그러하니라

[13] 우리가 유대인이나 헬라인이나 종이나 자유자나 다 한 성령으로 침례를 받아 한 몸이 되었고 또 다 한 성령을 마시게 하셨느니라

[14] 몸은 한 지체뿐 아니요 여럿이니

[15] 만일 발이 이르되 나는 손이 아니니 몸에 붙지 아니하였다 할지라도 이로 인하여 몸에 붙지 아니한 것이 아니요

[16] 또 귀가 이르되 나는 눈이 아니니 몸에 붙지 아니하였다 할지라도 이로 인하여 몸에 붙지 아니한 것이 아니니

[17] 만일 온 몸이 눈이면 듣는 곳은 어디며 온 몸이 듣는 곳이면 냄새 맡는 곳은 어디뇨

[18] 그러나 이제 하나님이 그 원하시는 대로 지체를 각각 몸에 두셨으니

[19] 만일 다 한 지체뿐이면 몸은 어디뇨

[20] 이제 지체는 많으나 몸은 하나라

[21] 눈이 손더러 내가 너를 쓸 데 없다 하거나 또한 머리가 발더러 내가 너를 쓸 데 없다 하거나 하지 못하리라

[22] 이뿐 아니라 몸의 더 약하게 보이는 지체가 도리어 요긴하고
[23] 우리가 몸의 덜 귀히 여기는 그것들을 더욱 귀한 것들로 입혀 주며 우리의 아름답지 못한 지체는 더욱 아름다운 것을 얻고
[24] 우리의 아름다운 지체는 요구할 것이 없으니 오직 하나님이 몸을 고르게 하여 부족한 지체에게 존귀를 더하사
[25] 몸 가운데서 분쟁이 없고 오직 여러 지체가 서로 같이하여 돌아보게 하셨으니
[26] 만일 한 지체가 고통을 받으면 모든 지체도 함께 고통을 받고 한 지체가 영광을 얻으면 모든 지체도 함께 즐거워하나니
[27] 너희는 그리스도의 몸이요 지체의 각 부분이라』


기독교 역사 = 2천년 동안
불멸의 존재인 = 사도 바울이란 사람이 있음
아무도 흉내 낼 수 없을 정도로 = 위대한 능력을 지닌 사도 중에 사도임

이 위대한 = 대 사도인 바울이 이렇게 말했음
고린도전서 2장 3절 =
"내가 너희 가운데 있을 때 약하며 두려워하며 심히 떨었노라."고 했음

바울이 왜 떨었을까?
돈 때문일까? = 무서움 때문일까?
협박 때문일까? = 암 병 때문일까? 아님
사도 바울이 = 심히 떤 것은
하나님의 일을 하는 현장에서 = 성령님이 나타나지 않을까 봐 떨었음
바울이 = 하나님의 일을 해 보니까?
성령의 나타남이 없이는 = 안 되더라는 것임

그래서 심히 떨었던 것임

바울이 떨었다면 = 우리는 어떻게 해야 할까요?
더 많이 = 떨어야 할 줄로 믿음
그런데 문제는 = 바울은 떨었는데
오늘날 성도들은 = 안 떤다는 것임

뭐도 없으면서요? – – – 성령도 없으면서 – – – 떨지 않는 것이다.
왜 그러느냐?
성령의 나타남 없이도 = 될 줄로 착각하고 있기 때문임

그러므로 성령의 나타남이 있으려면 = 그날이 분명해야 함

1) 그날 = (3.5 + 40일) + 오순절 성령세례
2) 영적인 주소 → 다소 → 다메섹 → 직가 → 아라비아 → 안디옥
3) 쪼개진 반석

※ 나는 성령세례도 받고, = 방언도 하고,
가끔가다 기도할 때 = 손도 떨리는 진동도 오고,
목사님이 안수 할 때 = 뒤로 나자빠지기도 하는데,
그런데 왜 나는 = 성령의 나타남이 만족하지 아니하고 시원찮을까?
여기에 대한 = 해답을 들으시기를 바람
하나님은 = 우리를 쓰시기 위해서
할 수 없이 = 인간을 쪼개기 위하여
지팡이를 사용하시는데 = 하나님이 사용하시는 지팡이는 이런 것들이 있음

1. 물질의 지팡이 = 돈, 재산, 사업
2. 질병의 지팡이 = 병,

   하나님께서 목적을 가지고 = 때리는 병은 절대로 낫지 않음

   그렇다고 죽지도 않음 = 쪼개려고 달라붙은 병임

   사명을 가지고 달라붙었기 때문에 = 그 사명을 다하기 전에는 나가지 않음

   쪼개져야 나감
3. 자식의 지팡이 = 타락, 불순종, 집나감, 죽음 등등
4. 아내, 혹은 남편의 지팡이 = 바람나고, 집나가고, 싸우고, 이혼 등등
5. 환경의 지팡이 = 우겨 쌈을 당함, 부끄러움을 당함, 어려움을 당함

4) 장소, 지역에 나타난 성령, (라마나욧)

이 세상 땅 지역 장소마다 = 영적 구조가 다 각기 다른데

이것은 사도 바울도 = 동일한 눈으로 보았음

에베소서 6장 10-13절,

"우리의 싸움은 혈과 육에 대한 것이 아니요 정사와 권세와 이 어두움의 주관자들과 하늘에 있는 악의 영들에게 대함이라."

바울도 이 세상 일어난 = 영적 배경을 말함

혈과 육 → 가장 밖에서 나타나는 실체임

정사와 →

권세와 →

어두움의 주관 자 →

하늘에 있는 악의 영들→

이것은 = 마귀의 조직체임

삼상 19:18-24, 라마나욧

5) 성령의 기름부음

다윗이 유명한 사람이 된 것은 = 골리앗을 죽임으로가 아니고

다윗이 기름부음을 받을 때 = 이미 유명한 자가되었음

다윗은, 1. 위대한 시인- 시 23편은 인류역사상 가장 위대한 시

      2. 위대한 정치가- 전 팔레스타인이 손안에 들어왔음

      3. 위대한 음악가- 수금을 탈 때, 사울에게 들었던 악신이

         물러갔음

      4. 위대한 장군- 백전백승임. 우리도 영적 싸움에서 이겨야 함

성령의 기름부음을 받으면 =

1. 선지자의 권세 -하나님의 뜻을 먼저 받고 가르침(요일2:27)

               성령이 가르치심(고전2:15-16)

           (선지자의 권세- 환상이 열림, 신령한 꿈을 꿈)

2. 제사장의 권세 -백성들의 문제를 해결함(상담),

             병을 고침, 중보 기도를 함

3. 왕의 권세 -모든 면에서 힘이 생깁니다.

        능력, 권세, 사람을 다스리는 권세, 나라가 임함,

        환경을 극복함, 원수가 물러감,

        사역 장이 넓어짐, 말의 권세가 따름,

여기까지 배웠습니다. 오늘은,

## 성령의 마심

13절을 함께 읽음
"성령으로 세례를 받아 한 몸이 되었고 또 다 한 성령을 마시게 하셨느니라."

본문에 보면 = 성령에 대한 두 마디가 나옴
첫째는 성령의 세례,
그 다음에는 성령의 마심, = 이 두 가지로 나옴

성령의 세례를 받으면 = 무슨 일이 일어나느냐 한 몸을 이룸
교회가 = 성령의 세례를 받으면
그리스도인들이 = 성령의 세례 속으로 들어가게 되면
성령세례가 덮어버리면 = 한 몸이 되어버림

그러므로 성령으로 = 거듭난 것과, 성령의 세례는 다름
성령으로 = 거듭나서 예수를 믿고,
물세례 받고, = 생명책에 기록이 되고,
하나님을 아버지라 = 부르는 것과 성령의 세례는 다름

☞ 그러니까 = 예수님의 제자들이 3년 반 동안
　　　예수님과 함께 거하며 = 예수 믿고 구원받고 해도
　　　그것이 = 성령의 세례는 아니다 라는 것임
주님이 부활하신 후에 = 승천하시면서 성령의 세례를 받으라고 하셨음

☞ 또한 빌립이 = 사마리아교회에서
  하나님의 나라와 = 그리스도의 이름과 = 물세례까지 베풀고
  병자를 고쳤어도 = 그것이 성령의 세례는 아니라는 것임
  그 후 베드로와 요한이 = 다시 내려가서 성령의 세례를 받게 한 줄로
  믿음

그러므로 교회가 = 성령세례를 받으면
교회가 = 그리스도의 한 몸의 공동체로 이뤄짐
그러나 교회 안에 = 성령세례가 없고 개인 구원만 이뤄지면
예수님 영접하여 = 거듭나서 물세례 받고 개인 구원만 이뤄지면
구원은 일대일로 = 하나님 앞에 이뤄져 있으나
교회가 한 몸으로서 = 옆 사람하고 공동체가 안 됨
유기적으로 = 끈끈한 관계가 안 됨

☞ 다시 말하면 = 구약시대에 제사 중에 소제라는 제사가 있는데
  밀가루를 빻아 = 떡을 만들어 구워서 드리는 것임
  밀가루에 = 두 번 기름을 붓습니다.
  한번은 = 밀가루를 뭉치기 위해서 붓고
  또 한 번은 튀기기 위해서 = 기름을 흥건히 붓습니다.
  이것은 = 성령의 세례의 기름 부음임

이와 같이 성령의 세례가 = 교회 안에 덮지 아니하면
성도의 신앙이 = 각각 개인적인 신앙이 됨
밀가루가 하나씩 날아다니듯이 = 한 그리스도의 몸의 공동체 의식이
없음

남의 아픔이 = 내 아픔으로 다가오지 않음
교회가 이론적으로는 = 한 몸이 되는 데 실질적으로는 하나가 안 됨
그러면 교회가 = 콩가루 집안이 되어버림

성령세례가 없는 교회는 = 신앙이 좋은 것 같으나
환란이 불어 닥치면 = 하루아침에 날아가 버림. 뿔뿔이 다 흩어져버림
평안한 때는 = 성도님, 성도님 집사님, 집사님
목사님, 목사님 하다가도 = 환란과 풍파만 오면 원수가 되어버림

그러나 성령세례가 = 교회를 덮으면
밀가루가 기름에 의해서 = 뭉쳐 버리듯이
성도와 목사가 = 성도와 성도가 하나로 뭉쳐 버림
교회가 끈적끈적 해 짐 = 교회가 견고해 지고 교회가 한 떡이 되어 짐

성령세례의 위력이 = 이렇게 큰 것임
성령으로 거듭나면 = 사람을 개인적으로 구원을 이루지만
성령세례가 = 교회를 덮어버리면
생명공동체로서 = 옆과 옆 사람을 하나로 묶어버림. 할렐루야!

성령의 세례가 덮어버리면 = 마치 부부가 하나가 되어 버리듯
그렇게 하나가 되어 버림
성령의 세례를 받아버리면 = 부부보다도 더 가까워 버림

☞ 물세례도 한번, = 성령의 세례도 한번임
　성령의 마심은 계속되어야 함 = 그래야 성령이 나타남

찬양 – 878장, "성도들아 이 시간은"

과거에 = 성령세례를 받았는데
그날도 있는데 = 쪼개진 것도 같은데,
기름부음도 = 받은 것 같은데
지금은 성령이= 잘 나타나지 않는 사람들이 있음
왜 그러느냐? = 그것은 성령의 마심에 문제가 있기 때문임
그러므로 = 성령을 마시는 통로를
즉 다시 말하면 = 성령의 빨대를 확보해야 함
그래야 계속 = 성령 마심을 지속할 수 있음

☞ 사람마다 이 빨대 = 통로가 각각 다 다름

1. 어떤 자는 = 찬송을 부를 때 성령이 충만히 임함
2. 어떤 자는 = 기도할 때 성령이 충만히 임함
3. 어떤 자는 = 철야할 때
4. 어떤 자는 = 전도할 때
5. 어떤 자는 = 헌금할 때
6. 어떤 자는 = 말씀 듣고, 읽을 때
7. 어떤 자는 = 설교할 때
8. 어떤 자는 = 심방할 때
9. 어떤 자는 = 봉사할 때

옆 사람에게 물어 봅시다.
당신의 빨대는 무엇입니까? = 당신은 어떨 때 충만하십니까?

찬양 – 1987장, "주님의 손길"
　　　　3513장, "모든 만민들아"

☞ 예화) 한국의 한 어떤 원로 목사님
　목회를 하는데 = 너무너무 힘이 들었음
　그런데 자식이 공부를 잘해서 = 미국 유학을 가서 박사가 되고 의사가 되었음
　아들에게서 = 하루는 전화가 왔음
　아버지 고생 그만 하시고 = 미국으로 들어오세요,
　장로들에게 시달리지 말고 들어오세요, = 그랬더니 오냐 오냐
　아들은 = 어려서부터 장로들에게
　아버지가 멱살을 잡히고 = 시달리는 것을 보아왔거든요
　교회를 사임하고 미국에 갔음 = 미국에 가서 보니까 너무너무 좋음

아들이 용돈으로 = 수 백 만원씩 주지요
미국이 천당은 못 되도 = 9백당은 되지요 너무너무 행복했음
날마다 골프채 매고 = 골프 치러 다님
또 이곳저곳 여행도 하다가 = 1년 만에 자살을 했담
골프도 하루 이틀이지, = 여행도 한 두 번이지 영이 다 죽음
우리 그리스도인들은 = 성령을 계속적으로 마셔야 내 영이 삼

☞ 사랑하는 성도 여러분,
　아무리 힘들고 어려워도
　마귀에게 빨대를 = 빼앗기지 마시기를 바람
　　　성령을 제대로 마시는 자는 = 얼굴색갈이 다름, 여유가 있음

　　　　그러나 성령을 = 제대로 마시지 못하는 자는
　　　　불안해하며 안절부절 함 = 조그만 일 가지고도 호들갑을 떪
　　　　신앙생활을 해도 = 기쁨이 없음

따라서 합시다. = 주여, 나에게도 성령의 빨대를 주세요.

어떤 사람은 = 자기 빨대도 아닌 것을 가지고
마시려고 하니까 안 되는 것임 = 자기 빨대를 확보해야 함

☞ 마귀가 노리는 것은 = 그 사람이 마시는 성령의 통로를 잘라버림
　　　　또 꺾어 버립니다.
　　　　여러분 성령을 마시는 통로 = 빨대가 능력이 머무는 장소임.

☞ 삼손에게 능력은 = 머리카락에 있었음.
　　　　삼손에게 있어서 = 빨대는 머리카락을 지키는 것임
　　　　그곳을 통해 = 성령의 능력이 나타남

☞ 우리에게도 = 능력의 통로가 있음.
　　　　사단은 = 그 통로를 차단하려고 함
　　　　그 통로만 = 노림

그러므로 우리는 = 우리의 각자 성령의 마심의 통로를 확보하고
사단과 싸워 = 승리해야 할 줄로 믿음.

☞ 성령의 마심이 충만한 자는 = 세상의 것에도 초연함

세상에 = 연연하지 않음
　　　주님의 제자들을 = 보면 알 수 있음
　　　초대교회 성도들을 = 보면 알 수 있음
　　　딴 것으로 = 채우려고 하지 않음
　　　다른 것 = 세상 것을 마시려하지 않음.
　　　성령세례만 마시면 = 모든 것이 만족함

그만큼 성령의 세례와 = 성령의 마심이
세상의 모든 것과는 = 비교할 수 없을 정도로 중요함
술 마심보다 = 성령의 마심이 훨씬 더

☞ 오늘날 성령의 세례를 = 충만히 받고도 폐인으로 끝나버린 자들도 있음
　　　왜 그렇습니까?
　　　계속적인 성령의 마심이 = 안 되기 때문임
　　　계속적인 = 성령의 마심이 있기를 축원함

주여, 내가 마시는 = 성령의 마시는 빨대가 무엇인지 가르쳐 주시옵소서!
주여 삼창하고, 기도하시겠음

# 7/

열왕기하 2:1-11

# 능력전가

왕하 2:1-11, 개역

[1] 여호와께서 회리바람으로 엘리야를 하늘에 올리고자 하실 때에 엘리야가 엘리사로 더불어 길갈에서 나가더니

[2] 엘리야가 엘리사에게 이르되 청컨대 너는 여기 머물라 여호와께서 나를 벧엘로 보내시느니라 엘리사가 가로되 여호와의 사심과 당신의 혼의 삶을 가리켜 맹세하노니 내가 당신을 떠나지 아니하겠나이다 이에 두 사람이 벧엘로 내려가니

[3] 벧엘에 있는 선지자의 생도들이 엘리사에게로 나아와 이르되 여호와께서 오늘날 당신의 선생을 당신의 머리 위로 취하실 줄을 아나이까 가로되 나도 아노니 너희는 잠잠하라

[4] 엘리야가 저에게 이르되 엘리사야 청컨대 너는 여기 머물라 여호와께서 나를 여리고로 보내시느니라 엘리사가 가로되 여호와의

사심과 당신의 혼의 삶을 가리켜 맹세하노니 내가 당신을 떠나지 아니하겠나이다 하니라 저희가 여리고에 이르매

[5] 여리고에 있는 선지자의 생도들이 엘리사에게 나아와 이르되 여호와께서 오늘날 당신의 선생을 당신의 머리 위로 취하실 줄을 아나이까 엘리사가 가로되 나도 아노니 너희는 잠잠하라

[6] 엘리야가 또 엘리사에게 이르되 청컨대 너는 여기 머물라 여호와께서 나를 요단으로 보내시느니라 저가 가로되 여호와의 사심과 당신의 혼의 삶을 가리켜 맹세하노니 내가 당신을 떠나지 아니하겠나이다 이에 두 사람이 행하니라

[7] 선지자의 생도 오십 인이 가서 멀리 서서 바라보매 그 두 사람이 요단가에 섰더니

[8] 엘리야가 겉옷을 취하여 말아 물을 치매 물이 이리 저리 갈라지고 두 사람이 육지 위로 건너더라

[9] 건너매 엘리야가 엘리사에게 이르되 나를 네게서 취하시기 전에 내가 네게 어떻게 할 것을 구하라 엘리사가 가로되 당신의 영감이 갑절이나 내게 있기를 구하나이다 [10] 가로되 네가 어려운 일을 구하는도다 그러나 나를 네게서 취하시는 것을 네가 보면 그 일이 네게 이루려니와 그렇지 않으면 이루지 아니하리라 하고

[11] 두 사람이 행하며 말하더니 홀연히 불수레와 불말들이 두 사람을 격하고 엘리야가 회리바람을 타고 승천하더라


기독교 역사 = 2천년 동안

불멸의 존재인 = 사도 바울이란 사람이 있음

아무도 흉내 낼 수 없을 정도로 = 위대한 능력을 지닌 사도 중에 사도임

이 위대한 = 대 사도인 바울이 이렇게 말했음
고린도전서 2장 3절 =
"내가 너희 가운데 있을 때 약하며 두려워하며 심히 떨었노라."
고 했음

바울이 왜 떨었을까?
돈 때문일까? = 무서움 때문일까?
협박 때문일까? = 암 병 때문일까? 아님
사도 바울이 = 심히 떤 것은
하나님의 일을 하는 현장에서 = 성령님이 나타나지 않을까 봐 떨었음
바울이 = 하나님의 일을 해 보니까?
성령의 나타남이 없이는 = 안 되더라는 것임
그래서 심히 떨었던 것임

바울이 떨었다면 = 우리는 어떻게 해야 할까요?
더 많이 = 떨어야 할 줄로 믿음
그런데 문제는 = 바울은 떨었는데
오늘날 성도들은 = 안 떤다는 것임

뭐도 없으면서요? - - - 성령도 없으면서 - - - 떨지 않는 것이다.
왜 그러느냐?
성령의 나타남 없이도 = 될 줄로 착각하고 있기 때문임

그러므로 성령의 나타남이 있으려면 = 그날이 분명해야 함

1) 그날 = (3.5 + 40일) + 오순절 성령세례
2) 영적인 주소 → 다소 → 다메섹 → 직가 → 아라비아 → 안디옥
3) 쪼개진 반석

※ 나는 성령세례도 받고, = 방언도 하고,
가끔가다 기도할 때 = 손도 떨리는 진동도 오고,
목사님이 안수 할 때 = 뒤로 나자빠지기도 하는데,
그런데 왜 나는 = 성령의 나타남이 만족하지 아니하고 시원찮을까?
여기에 대한 = 해답을 들으시기를 바람
하나님은 = 우리를 쓰시기 위해서
할 수 없이 = 인간을 쪼개기 위하여
지팡이를 사용하시는데 = 하나님이 사용하시는 지팡이는 이런 것들이 있음
  1. 물질의 지팡이 = 돈, 재산, 사업
  2. 질병의 지팡이 = 병,
    하나님께서 목적을 가지고 = 때리는 병은 절대로 낫지 않음
    그렇다고 죽지도 않음 = 쪼개려고 달라붙은 병임
    사명을 가지고 달라붙었기 때문에 = 그 사명을 다하기 전에는 나가지 않음
    쪼개져야 나감
  3. 자식의 지팡이 = 타락, 불순종, 집나감, 죽음 등등
  4. 아내, 혹은 남편의 지팡이 = 바람나고, 집나가고, 싸우고, 이혼 등등
  5. 환경의 지팡이 = 우겨 쌈을 당함, 부끄러움을 당함, 어려움을 당함
4) 장소, 지역에 나타난 성령, (라마나욧)
이 세상 땅 지역 장소마다 = 영적구조가 다 각기 다른데

이것은 사도 바울도 = 동일한 눈으로 보았음

에베소서 6장 10-13절,
"우리의 싸움은 혈과 육에대한 것이 아니요 정사와 권세와 이 어두움의 주관자들과 하늘에 있는 악의 영들에게 대함이라."

바울도 이 세상 일어난 = 영적 배경을 말함
혈과 육 → 가장 밖에서 나타나는 실체임
정사와 →
권세와 →
어두움의 주관 자 →
하늘에 있는 악의 영들 →
이것은 = 마귀의 조직체임

삼상 19:18-24, 라마나욧
5) 성령의 기름부음
다윗이 유명한 사람이 된 것은 = 골리앗을 죽임으로가 아니고
다윗이 기름부음을 받을 때 = 이미 유명한 자가되었음
다윗은, 1. 위대한 시인- 시 23편은 인류역사상 가장 위대한 시
    2. 위대한 정치가- 전 팔레스타인이 손안에 들어왔음
    3. 위대한 음악가- 수금을 탈 때, 사울에게 들었던 악신이 물러갔음
    4. 위대한 장군- 백전백승임. 우리도 영적 싸움에서 이겨야 함

성령의 기름부음을 받으면 =

1. 선지자의 권세 -하나님의 뜻을 먼저 받고 가르침(요일2:27)
   성령이 가르치심(고전2:15-16)
   (선지자의 권세- 환상이 열림, 신령한 꿈을 꿈)
2. 제사장의 권세 -백성들의 문제를 해결함(상담),
   병을 고침, 중보 기도를 함
3. 왕의 권세 -모든 면에서 힘이 생깁니다.
   능력, 권세, 사람을 다스리는 권세, 나라가 임함,
   환경을 극복함, 원수가 물러감,
   사역 장이 넓어짐, 말의 권세가 따름, 6) 성령의 마심

빨대를 확보하라 = 사람마다 각자 이 빨대가 다름
1. 어떤 자는 찬송을 부를 때 = 성령이 충만히 임함
2. 어떤 자는 기도할 때 = 성령이 충만히 임함
3. 어떤 자는 철야할 때 = 성령이 충만히 임함
4. 어떤 자는 전도할 때 = 성령이 충만히 임함
5. 어떤 자는 헌금 때 = 성령이 충만히 임함
6. 어떤 자는 말씀 듣고, = 읽을 때 성령이 충만히 임함
7. 어떤 자는 설교할 때 = 성령이 충만히 임함
8. 어떤 자는 심방할 때 = 성령이 충만히 임함
9. 어떤 자는 봉사할 때 = 성령이 충만히 임함

## 능력전가

하나님이 쓰시던 사람을 = 천국으로 불러올릴 때가 되면
그 사람에게 주셨던 = 능력, 축복, 은사, 권세
이러한 것들을 = 천국으로 가져오라 하시지 않고

너만 그냥 올라오고 = 너에게 주어진 이러한 축복, 권세, 은사를

다른 사람에게 = 넘겨주라 하셨음

천국에는 = 이러한 것들이 많아요,

또 이러한 능력들이 = 내려오기가 힘들어요,

그래서 힘들게 내려온 능력을 = 가져오지 말고 전가해주고 오라는 것임

1) 성경에 보면 아브라함의 축복이 = 이삭에게로 넘어감

2) 이삭의 축복이 = 야곱에게로 넘어감

3) 모세의 능력이 = 여호수아에게로 넘어감

4) 엘리야의 능력이 = 엘리사에게로 넘어감

5) 예수님의 능력이 = 제자들에게로 넘어감


그래서 성경에 보면 = 주님이 이렇게 말씀하셨음

내가한일을 너희도 하리라 = 나보다 더 큰일도 하리라


오늘 이 시간은 = 제자들에게 있었던 능력이

각자 나에게로 전가되는 역사가 있기를 = 주님의 이름으로 축원함


찬양 －3513장, "모든 만민들아"


☞ 능력전가가 = 이루어 질 때 보면

   사건마다 다 = 다른 것 같지만 사실은 원리는 하나임

  그 중에서 = 능력이 옮겨가고 전가되는데

  가장 = 자세히 기록되어지고

  교과서 적인 곳이 = 오늘 본문 말씀인

  엘리야의 능력이 = 엘리사에게로 전가되는 장면임.

☞ 그러므로 지금부터 = 엘리야의 능력이 엘리사에게로
        전가되는 사건을 = 잘 들으셔서
        오늘 여러분에게도 = 이런 능력이 전가되기를 바람

따라서 합시다. = 주여, 주시옵소서!

그러면 = 엘리야의 능력이
어떻게 = 엘리사에게로 넘어갔느냐 하면
엘리야의 능력이 = 엘리사에게 넘어가는 것을 보면 보통 사건하고 다름.
열왕기상 19장 19-21절 = 본문의 내용
어떻게 엘리야의 능력이 = 엘리사에게로 가게 되었느냐를 보면
몇 가지의 = 다른 점이 있음

## 1. 출발점이 달랐음

이때 당시에도 평소에 = 엘리야의 능력을 눈독 들이는 자들이 많았음
그러나 엘리사는 = 다른 제자들과 달리 출발점이 다름.

하루는 엘리사가 = 소 열두 겨리를 갖고 밭을 갈고 있었음
엘리야가 = 가까이 가서 엘리사에게
겉옷을 엘리사에게 = 제시하며 따라오기를 요구했음
그때 엘리사는 = 그 요구에 응했음
그는 그 요구에 응하면서 = 보통 사람들의 행동과 달랐음
그는 = 쟁기를 패서 소를 잡고
구워서 동네 사람들과 = 나눠먹고 따랐음

이것은 다시는 절대로 = 돌아오지 않겠다는 결심을 하고 따른 것임.

그러므로 = 따라가다 힘들어도
돌아와 아무것도 = 할 수 없으므로
힘들어도 = 끝까지 따라갈 수밖에 없음

엘리사는 자기의 = 모든 소유를 다 포기하고 엘리야를 따랐음
이럴 때 = 하나님의 능력이 전가됨.
"죽으면 죽으리라"

두 마음 두 생각을 가진 자에게는 = 능력이 전가되지 않음
우리도 엘리사와 같이 = 자기의 일을 다 정리하는 자에게
하늘의 능력이 = 덮어버림
확실한 신앙고백이 = 있어야 성령의 능력이 임함
세상을 의지하고 = 사람을 의지하는 자에게는
동해물과 백두산이 = 마르고 닳도록 성령이 나타나지 않음.

우리는 = 두 가지 방법을 쓰지 말아야 함
엘리사처럼 = 소를 잡아먹어 버리고 좇아야 함
출발 자세가 = 분명해야 능력을 받음.

## 2. 끝까지 따라갔음

하나님께서 엘리야를 = 회리 바람으로 하늘에 올리고자 하셨음
그때 엘리야와 엘리사는 = 길갈에 있었는데

엘리야는 엘리사에게 = 너는 여기 머물라

여호와께서 나를 = 벧엘로 보내시느니라 함

이때 엘리사는 = 스승인 엘리야를 절대로 떠나지 않겠다고 맹세함

그래서 둘이 = 벧엘로 갔음


벧엘로 갔더니 = 벧엘에 있는 선지자의 생도들도

여호와께서 오늘 = 엘리야를 취하실 것이라 함

엘리사는 이미 = 엘리야가 승천할 것을 알았음

엘리사는 = 나도 아노니 너희는 잠잠하라

그런데 벧엘에서도 엘리야는 = 엘리사에게 여기 머물라 하는 것임

그러나 엘리사는 = 계속해서 스승을 쫓았음


여리고에 갔더니 = 여리고에 있던 선자의 생도들도

여호와께서 = 오늘날 당신의 선생을

당신의 머리위로 = 취할 것을 아시나이까 하는 것임

엘리사는 역시 = 나도 아노니 너희는 잠잠하라 하였음

여리고에서도 스승인 엘리야는 = 엘리사에게 여기 머물라고 함

그래도 엘리사는 = 끝까지 엘리야를 떠나지 않음


6절과 7절을 보겠음

"엘리야가 또 엘리사에게 이르되 청컨대 너는 여기 머물라
여호와께서 나를 요단으로 보내시느니라 저가 가로되 여호와의 사심과
당신의 혼의 삶을 가리켜 맹세하노니 내가 당신을 떠나지 아니하겠나
이다 이에 두 사람이 행하니라
선지자의 생도 오십인이 가서 멀리 서서 바라보매 그 두 사람이 요단

가에 섰더니"

엘리야의 제자는 = 엘리사 하나 뿐이 아니었음
그러나 나머지 = 오십 인의 선지자 생도와
엘리사의 선 곳을 보십시오.
오십인의 생도들은 = 멀리 서 있고
엘리사는 = 엘리야와 함께 서 있음

이것이 신앙임 = 이것이 사명자의 자세임
하나님은 이런 성도에게 = 은혜를 베푸시는 줄 믿음
그때 엘리사는 = 놀라운 경험을 함

8절을 보세요?
엘리야가 겉옷을 말아 = 요단강물을 치자
뚝방까지 찰랑 넘실대던 = 요단강물이 갈라지고
두 사람이 = 육지 위로 걸어서 강을 건넜음

드디어 강동편 = 이곳에 이르자 엘리야가 묻습니다
내가 네게 = 어떻게 할 것을 구하라
할렐루야!
엘리야의 소원은 분명했음 =
당신의 영감이 갑절이나 내게 있기를 구하나이다

☞ 길갈에서(세상이다.) → 벧엘로(교회이다.)
　벧엘에서 → 여리고로(시험과 고난이다.)

여리고에서 → 요단으로, 요단에서(세례이다.) →
요단강 건너로 = 끝까지 따라갔음.(능력이다)

위대한 하나님의 사람에게는 = 강력한 영적 능력이 있음
그런데 이들이 = 사명을 마치고 소천 할 때
그 능력을 = 가지고 가는 것이 아님
다른이에게 = 전가되는 것임
엘리사는 = 바로 이것을 알았음
엘리야의 능력이 = 자기에게 임할 것을 소원하였음
그것도 = 엘리야의 영감이 갑절이나 임하길 소원한 것임

☞ 끝이 언제인가? = 끝은 바로 능력이 임할 때가 끝임
  신앙생활에 있어서 = 근성이 있어야함
  깡이 있어야함 = 고집이 있어야함. 포기하지 말아야함.

우리도 엘리사와 같은 = 각오를 가지고 끝까지 따라갑시다.
그래야 = 제자들의 능력이 우리에게 임함. 하늘의 능력이 임해요.

찬양 –1028장 "비바람이 앞길 막아도"

### 3. 겉옷을 찢을 때 능력이 임함

열왕기하 2장 11–14절에 보면,
(11) 두 사람이 행하며 말하더니 홀연히 불 수레와 불 말들이 두 사람을
    격하고 엘리야가 회리바람을 타고 승천 하더라

(12) 엘리사가 보고 소리 지르되 내 아버지여 내 아버지여 이스라엘의 병거와 그 마병이여 하더니 다시 보이지 아니하는지라 이에 엘리사가 자기의 옷을 잡아 둘에 찢고
(13) 엘리야의 몸에서 떨어진 겉옷을 주워가지고 돌아와서 요단 언덕에 서서
(14) 엘리야의 몸에서 떨어진 그 겉옷을 가지고 물을 치며 가로되 엘리야의 하나님 여호와는 어디 계시니이까 하고 저도 물을 치매 물이 이리 저리 갈라지고 엘리사가 건너니라

☞ 길갈에서 → 벧엘로, 벧엘에서 → 여리고로,
  여리고에서 → 요단으로, 요단에서 → 요단강 건너로
  그리고 요단을 건넌 후에,

갑자기 불 수레와 = 불 말들이 내려오더니
엘리야를 싣고 = 하늘로 올아 가버림

☞ 그때 엘리사가 얼마나 얼마나 = 기가 막히고 허무한지 서러운지
        엘리야는 = 사라지고 덜렁 홀로 남게 되었음
        고향 떠날 때 = 소 다 잡아먹었지, 쟁기 다 불태웠지
        이렇게 돌아가면 = 개망신 당하지 않겠어요?
        그걸 생각하니 = 엘리사가 기가 막힘.
그래서 통곡하고 욺(12절).

그것은 또 그렇고 = 엘리야 선생님하고 요단강을 건널 때
선생님이 = 옷을 가지고 요단강을 내리쳤을 때

요단강이 = 쫙 갈라져서 건너왔는데
선생님은 = 옷도 안 주고 올라가버리고
요단강물은 붙어버렸으니 = 돌아갈 일이 기가 막힘
요단강을 = 어떻게 건널 수가 있겠어요?
건너다가는 = 물에 빠져죽지요!

☞ 그러니까 능력은 = 사람이 막바지 막다른 골목에 부딪칠 때 옴
   요단강을 건너온 엘리사는 = 능력의 두루마리가 없으면 못 돌아감

그래서 겉옷도 주지 않고 = 하늘로 올라가는 엘리야를 보고
"내 아버지여 내 아버지여 이스라엘의 병거와 마병이여 하고 자기 옷을 둘로 찢을 때"
그때 하늘로부터 = 엘리야의 겉옷이 나풀나풀 거리며 내려왔음


찬양 –173장 "불길 같은 성령이여"


12절에 보면 엘리사가 마지막으로
"겉옷을 찢을 때"
엘리야의 능력의 = 두루마리가 내려왔음


그렇다면 옷이 무엇이냐 = 옷의 대해서 밝혀 나가야 됨
성경에 기록된 = 옷에 대해서 잘 알아야함


성경에 보면(계 19:8) = 옷은 곧 성도들의 옳은 행실이다!
라고 기록하고 있음

☞ 겉옷을 찢는다는 것은 = 생각을 찢어야 함을 말하는 것임
　오늘 우리도 = 이 능력의 두루마리를 가지고 가야 할 것임
　겉옷을 찢을 때 = 하늘의 능력이 전가됨

☞ 여기에서 겉옷은 행실임.
　요한계시록 19장 8절 = "세마포는 성도들의 옳은 행실이다"라고 했음
　또한 요한계시록 22장 14절 = "세마포를 빠는 자는 복이 있도다."라고 하였음
　이것은 = 회개를 말함
　행실은 사람의 마음으로부터 나옴 = 마음은 곧 생각임
　그러므로 옷을 찢자고 하는 것은 = 곧 생각을 찢자는 것임
　옷은 두 가지가 있음 = 첫째는 땅의 옷, 즉 아담의 옷임
　둘째는 하늘의 옷 = 곧 예수의 옷이 있음

☞ 우리는 모두다 = 아담의 생각, 아담의 옷을 입고 있음
　아담의 옷이라는 것은? =
　부정적인 생각이요, = 소극적인 생각, 두려움, 패배의식,
　의심, 불평, 원망, = 불신적인 생각임

☞ 우리가 아담의 = 생각의 옷을 찢으면 어떤 옷이 오느냐?
　하늘의 생각 = 즉 예수의 옷이 입혀지는 것임
　로마서 13장 14절 = "너희가 그리스도로 옷 입고"라고 했음
　에베소서 6장 11절 = "마귀의 궤계를 능히 대적하기위하여 하나님의 전신갑주를 입으라."
　성령이 = 강하게 나타나려면

우리의 고정관념과 = 생각을 찢어야 함
그럴 때 = 능력이 임하고 '성령이 나타남'

생각을 찢지 않으면 = 이것에 가려서 성령이 나타나지 못함
성령을 제한하는 = 사람이 바로 나 임

오늘 아담의 생각을 = 쫙 찢기를 주님의 이름으로 축원함
찢어야 = 주님의 능력이 나타나고,
성령이 그 사람을 통해서 = 밀고 나와 버림

☞ 사랑하는 성도 여러분,
　우리가 = 어떤 사건을 만났을 때
　내 생각으로 아담의 생각으로 = 보고 대하게 되면 두렵슴
　해결의 실마리가 = 보이지 않음
　병자를 보아도 = 병원이 먼저 생각이 나고
　무슨 약이 좋더라는 = 약이 먼저 생각남

그러나 = 예수님의 생각으로
예수님의 옷을 입고 = 보게 되면 만만하게 보임
아무것도 아닌 것 같이 보이게 되고 = 하나님의 역사가 나타나게 됨
병마가 와도 만만하게 보임 = 일거리가 생겼구나 하고 생각함

☞ 보세요? = 가나안 정탐꾼들의 보고를 보면
열 명은 가나안 사람들을 보고 = 우리는 메뚜기 떼와 같다.
가면 그 사람들의 밥이 된다 = 절대로 그들을 이기지 못한다

라고 부정적인 = 생각을 가지고 보고를 했음

☞ 그러나 두 명의 정탐꾼인 = 여호수아와 갈렙은
　저들은 = 우리의 밥이라고 했음
보는 관점이 다름
예수의 옷을 입은 사람과 = 아담의 옷을 입은 사람은
보는 관점이 = 하늘과 땅 만큼이나 다름.

그러므로 = 우리는 반드시
예수의 생각의 옷으로 = 갈아입어야 할 줄로 믿음

☞ 모든 사건을 = 예수님의 생각의 옷을 입고 보게 되면 성령이 나타남
그러나 아담의 옷을 입고 = 내 생각으로 보게 되면
두렵고, 낙심하고, 떨리므로 = 성령이 나타나지 않음

오늘 이 시간에 = 아담의 옷을 다 찢어버리고
예수의 옷을 = 입으시기를 바람
그래야 = 사단 마귀를 이길 수 있음
에베소서 6장 11절 = "마귀의 궤계를 능히 대적하기위하여 하나님의 전신갑주를 입으라." 아멘!

찬양 －1094장, "할 수 있다 하면 된다"
　　　908장, "주님 것을 내것이라고"

# 8

## 고린도전서 12:1-11

# 은사를 통하여 나타난 성령의 역사

고전 12:1-11, 개역
[1] 형제들아 신령한 것에 대하여는 내가 너희의 알지 못하기를 원치 아니하노니
[2] 너희도 알거니와 너희가 이방인으로 있을 때에 말 못하는 우상에게로 끄는 그대로 끌려 갔느니라
[3] 그러므로 내가 너희에게 알게 하노니 하나님의 영으로 말하는 자는 누구든지 예수를 저주할 자라 하지 않고 또 성령으로 아니하고는 누구든지 예수를 주시라 할 수 없느니라
[4] 은사는 여러 가지나 성령은 같고
[5] 직임은 여러 가지나 주는 같으며
[6] 또 역사는 여러 가지나 모든 것을 모든 사람 가운데서 역사하시는 하나님은 같으니
[7] 각 사람에게 성령의 나타남을 주심은 유익하게 하려 하심이라
[8] 어떤 이에게는 성령으로 말미암아 지혜의 말씀을, 어떤 이에게는 같은 성령을 따라 지식의 말씀을,
[9] 다른 이에게는 같은 성령으로 믿음을, 어떤 이에게는 한 성령으로 병 고치는 은사를,
[10] 어떤 이에게는 능력 행함을, 어떤 이에게는 예언함을, 어떤 이에게는 영들

분별함을, 다른 이에게는 각종 방언 말함을, 어떤 이에게는 방언들 통역함을 주시나니

[11] 이 모든 일은 같은 한 성령이 행하사 그 뜻대로 각 사람에게 나눠 주시느니라


기독교 역사 = 2천년 동안

불멸의 존재인 = 사도 바울이란 사람이 있음

아무도 흉내 낼 수 없을 정도로 = 위대한 능력을 지닌 사도 중에 사도임


이 위대한 = 대 사도인 바울이 이렇게 말했음

고전 2장 3절 =

"내가 너희 가운데 있을 때 약하며 두려워하며 심히 떨었노라"

고 했음


바울이 왜 떨었을까?

돈 때문일까? = 무서움 때문일까?

협박 때문일까? = 암 병 때문일까? 아님

사도 바울이 = 심히 떤 것은

하나님의 일을 하는 현장에서 = 성령님이 나타나지 않을까 봐 떨었음

바울이 = 하나님의 일을 해 보니까?

성령의 나타남이 없이는 = 안 되더라는 것임

그래서 심히 떨었던 것임


바울이 떨었다면 = 우리는 어떻게 해야 할까요?

더 많이 = 떨어야 할 줄로 믿음

그런데 문제는 = 바울은 떨었는데
오늘날 성도들은 = 안 떤다는 것임

뭐도 없으면서요? – – – 성령도 없으면서 – – – 떨지 않는 것이다.
왜 그러느냐?
성령의 나타남 없이도 = 될 줄로 착각하고 있기 때문임

그러므로 성령의 나타남이 있으려면 = 그날이 분명해야 함

1) 그날 = (3.5 + 40일) + 오순절 성령세례
2) 영적인 주소 → 다소 → 다메섹 → 직가 → 아라비아 → 안디옥
3) 쪼개진 반석

※ 나는 성령세례도 받고, = 방언도 하고,
가끔가다 기도할 때 = 손도 떨리는 진동도 오고,
목사님이 안수 할 때 = 뒤로 나자빠지기도 하는데,
그런데 왜 나는 = 성령의 나타남이 만족하지 아니하고 시원찮을까?
여기에 대한 = 해답을 들으시기를 바람
하나님은 = 우리를 쓰시기 위해서
할 수 없이 = 인간을 쪼개기 위하여
지팡이를 사용하시는데 = 하나님이 사용하시는 지팡이는 이런 것들이 있음
1. 물질의 지팡이 = 돈, 재산, 사업
2. 질병의 지팡이 = 병,
　하나님께서 목적을 가지고 = 때리는 병은 절대로 낫지 않음
　그렇다고 죽지도 않음 = 쪼개려고 달라붙은 병임

사명을 가지고 달라붙었기 때문에 = 그 사명을 다하기 전에는 나가지 않음

쪼개져야 나감

3. 자식의 지팡이 = 타락, 불순종, 집나감, 죽음 등등
4. 아내, 혹은 남편의 지팡이 = 바람나고, 집나가고, 싸우고, 이혼 등등
5. 환경의 지팡이 = 우겨 쌈을 당함, 부끄러움을 당함, 어려움을 당함

찬양 – 3513장, "모든 만민들아"

4) 장소, 지역에 나타난 성령, (라마나욧)
이 세상 땅 지역 장소마다 = 영적 구조가 다 각기 다른데
이것은 사도 바울도 = 동일한 눈으로 보았음

에베소서 6장 10-13절,
"우리의 싸움은 혈과 육에 대한 것이 아니요 정사와 권세와 이 어두움의 주관자들과 하늘에 있는 악의 영들에게 대함이라."

바울도 이 세상 일어난 = 영적 배경을 말함
혈과 육 → 가장 밖에서 나타나는 실체임
정사와 →
권세와 →
어두움의 주관 자 →
하늘에 있는 악의 영들→
이것은 = 마귀의 조직체임

사무엘상 19:18-24, 라마나욧

5) 성령의 기름부음
다윗이 유명한 사람이 된 것은 = 골리앗을 죽임으로가 아니고
다윗이 기름부음을 받을 때 = 이미 유명한 자가되었음
다윗은, 1. 위대한 시인- 시 23편은 인류 역사상 가장 위대한 시
　　　　2. 위대한 정치가- 전 팔레스타인이 손안에 들어왔음
　　　　3. 위대한 음악가- 수금을 탈 때, 사울에게 들었던 악신이
　　　　　 물러갔음
　　　　4. 위대한 장군- 백전백승임. 우리도 영적 싸움에서 이겨야 함

성령의 기름부음을 받으면 =
1. 선지자의 권세 -하나님의 뜻을 먼저 받고 가르침(요일2:27)
　　　　　　　　　성령이 가르치심(고전2:15-16)
　　　　(선지자의 권세- 환상이 열림, 신령한 꿈을 꿈)
2. 제사장의 권세 -백성들의 문제를 해결함(상담),
　　　　　　　　 병을 고침, 중보 기도를 함
3. 왕의 권세 -모든 면에서 힘이 생깁니다.
　　　　　능력, 권세, 사람을 다스리는 권세, 나라가 임함,
　　　　　환경을 극복함, 원수가 물러감,
　　　　　사역 장이 넓어짐, 말의 권세가 따름,
6) 성령의 마심
빨대를 확보하라 = 사람마다 각자 이 빨대가 다름
1. 어떤 자는 찬송을 부를 때 = 성령이 충만히 임함
2. 어떤 자는 기도할 때 = 성령이 충만히 임함

3. 어떤 자는 철야할 때 = 성령이 충만히 임함

4. 어떤 자는 전도할 때 = 성령이 충만히 임함

5. 어떤 자는 헌금 때 = 성령이 충만히 임함

6. 어떤 자는 말씀 듣고, = 읽을 때 성령이 충만히 임함

7. 어떤 자는 설교할 때 = 성령이 충만히 임함

8. 어떤 자는 심방할 때 = 성령이 충만히 임함

9. 어떤 자는 봉사할 때 = 성령이 충만히 임함

7) 능력전가

열왕기상 19장 19-21절 =

본문은 어떻게 = 엘리야의 능력이

엘리사에게로 가게 되었느냐를 보면 = 몇 가지의 다른 점이 있음

1. 출발점이 달랐음

2. 끝까지 따라갔음

3. 겉옷을 찢을 때 능력이 임함


## 은사를 통하여 = 나타난 성령의 역사

성경에 나오는 은사는 = 가지 수로 헤아릴 수가 없음. 수 백 가지임
그러나 고린도전서 12장에 나오는 것은 = 크게 나누어서 아홉 가지임
사도바울이 = 크게 9가지로 정리해 놓았음

☞ 각 사람에게 성령의 나타남은 = 유익하게 하기위해서 임
그러므로 오늘, 이 시간 = 여러분 모두 성령의 은사를 받으시기 바람
성령의 나타남은 교회의 유익을 위해서, = 혹은 개인의 유익을 위해서

☞ 성령의 은사는 = 크게 세 그룹으로 나눌 수 있는데
        첫째로 = 생각을 통하여,
        둘째로 = 권능을 통하여,
        셋째로 = 소리를 통하여 나타남

성령의 은사가 사람에게 부어지면 = 한 다발 한 묶음씩 돌아감
      (지혜, 지식, 영분별)
      (믿음, 신유, 능력)
      (방언, 예언, 통역)
이와 같이 = 한 팀을 이뤄서 돌아감

## 1. 생각을 통하여 = 나타나는 성령의 은사

하나님의 성령이 = 사람의 생각을 자극하는 것임
또 생각을 통하여 = 나타나는 은사가 세 가지임

따라서 합시다. = 지혜의 은사, 지식의 은사, 영분별의 은사

이것은 생각을 통하여 = 나타나는 은사임
하나님의 성령이 = 사람의 생각을 만지심

1) 나타나는 지혜의 말씀의 은사 =
이 지혜의 말씀의 은사가 뭐냐 하면 = 이것은 공부 잘하는 은사가 아님
또 아이큐가 = 높아지는 것도 아님

☞ 모든 은사가 빗나가지 않으려면 = 두 가지의 자를 대 보라고 했음
　첫째는 예수님의 경우에 = 이것이 어떻게 나타나는가를 보면 알 수 있음
　둘째는 사도들의 경우에 = 이것이 어떻게 나타나는가를 보면 알 수 있음

☞ 그러면 예수님에게는 = 지혜의 말씀의 은사가
있었을까요? 없었을까요? = 당연히 있었지요.
예수님이 누구 신대 없겠어요. = 예수님은 은사의 본체이심
그러면 예수님에게는 = 지혜의 은사가 어떻게 나타나느냐?
이것은 머리 좋고 = 공부 잘하는 은사가 아니라
이것은 뭐냐 하면? = 잘 들으시기를 바람

☞ 이것은 어려운 상황을 = 돌파해 나가는 능력임
어떤 사건이 있을 때 = 그 사건을 돌파해 나가는 능력을 말하는 것임
잠재의식의 지혜가 아니라 = 순간적으로 나타나는 지혜임

☞ 구약의 솔로몬의 = 상황을 보면 알 수가 있음
열왕기상3:16-28절에 보면 =
창기 두 계집이 = 한 집에 사는데
이 둘이 거의 비슷한 시기 = 삼일 간격으로 아이를 낳았음
그런데 한 여인이 = 잠을 자다가 잠버릇이 심하여
그만 아이를 깔아 뭉겨 = 죽이고 말았음
밤중에 일어나 보니 = 자기 아이가 죽은 줄 알고
옆방에 있는 아이와 = 살짝 바꿔놓았음

이 여인이 새벽에 일어나 = 아이를 젓 먹이려고 보니까 죽었음
그래서 자세히 보니 = 자기 아들이 아닌 거예요.

그래서 둘이 싸우다가 = 본 사람도 없고, 증인도 없고,
결론이 나지 않아서 = 왕에게 도움을 청하러 온 것임

☞ 솔로몬이 = 그 상황을 볼 때
솔로몬 속에 부어졌던 = 성령이 움직이기 시작함
그리고 = 야 큰 칼을 가져오너라.
서로 자기의 아들이라고 우기니 = 결론이 나지 않는다.
이 아이를 둘로 나눠 = 반쪽씩 주어 돌아가게 하라.

따라서 합시다. = 생각을 만드는 분은 성령님이심

☞ 이렇게 생각의 발로가 = 생겨나는 것을 지혜의 은사라고 함
생각을 만드는 분은 =성령님이심
그러므로 = 어떤 어려운 상황 위기가 올 때
내속에 부어졌던 = 성령께서 움직이기 시작함
그리고 내 생각을 자극하여 = 어려움과 위기를 극복하게 만드심
할렐루야! = 이것이 지혜의 은사임

☞ 예수님의 경우 보세요. = 마태복음22:15-22절에
바리새인들이 예수님을 = 올무에 빠뜨려 궁시에 몰아넣으려고
예수여 당신은 = 어떻게 생각하십니까?
로마 정부 가이사에게 = 세금을 바치는 것이 가합니까? 불가합니까?

예수님이 이러지도 못하고 = 저러지도 못하고
참으로 어려운 = 곤경에 처해 있음
세금을 내라고 하면 = 하나님의 아들이라고 하더니
로마의 앞잡이라고 = 비난할 것이고,
세금을 내지 말라고 하면 = 로마에 일러 바쳐서
로마 정부의 반역자라고 = 뒤집어씌울 것이고 진퇴 양란 임
그러니까 이렇게 말해도 걸리고 = 저렇게 말해도 걸림
그때 주님이 =
"너희 중에 갖고 있는 은전 하나를 달라 이 그림이 누구의 그림이냐?"
"가이사의 그림입니다."
"가이사의 것은 가이사에게 하나님의 것은 하나님에게 드려라"

☞ 이렇게 = 생각이 되어지는 것
그 코너에 몰렸을 때 돌파하는 것 = 이것이 지혜의 은사임
앞으로 = 여러분들이 살아가면서
어려운 일들이 = 일어나요? 안 일어나요? 일어나지요?
그때 마다 성령께서 = 지혜의 은사로 나타나셔서
남들이 생각하지 못한 = 비상한 생각으로 돌파해 나가시기를 바람

찬양 −498장, "은혜 구한 내게 은사 구한 내게"

따라서 합시다. = 주여, 지혜의 은사를 주시옵소서.

2) 나타나는 지식의 말씀의 은사 =
이 지식의 은사도 = 공부 잘 하는 것이 아님

지식의 은사도 = 우리가 생각하는 것하고는 전혀 다름
지식의 은사도 = 예수님과 사도들을 보면 정답이 나옴

지식의 은사는 뭐냐? = 지혜와 지식의 차이는 이렇음
시간은 셋으로 나누면 =

---

   과거         현재         미래

☞ 지식의 = 말씀의 은사는
과거로부터 현재까지를 = 지식의 말씀의 은사라 하고,
과거에 있었던 일이나 말씀을 = 지금 현제 상황에다가 적용하는 능력임

☞ 현재부터 미래를 지혜라 함.
지식의 은사는 = 현재의 사건을 조명하는 능력을 말하는 것임
옛날의 있었던 일들이 생각나서 = 현재의 사건을 조명함

☞ "기록되었으되" = 이것을 지식의 은사라고 함
그래서 예수님은 = 무슨 일이나 사건이 일어날 때는
항상 기록 되었으되 = 다시 말하면 구약 성경을 인용하는 능력임

☞ 지식의 은사는 = 구약성경을 인용하는 능력임
그러니까 현재 = 뭐 사건이 있을 때
옛날에 이와 = 유사한 일이 있었다. 이거예요
그러므로 옛날에 = 있었던 일을 끌고 와 가지고

지금 있는 일을 = 조명하는 것임

그러므로 예수님이 = 이 땅에 있을 때
구약성경을 = 인용했어요? 안 했어요? 많이 했어요.
마태, 마가, 누가 요한, = 4복음서에 보면 온통 다 구약성경 인용임

☞ 그뿐만 아니라 = 제자들과 사도 바울도
구약성경을 인용했어요? 안 했어요? = 하구 말구요 보통 많이 한 것이 아님

우리도 마찬가지예요 = 우리에게도 어떤 일이 일어나면
성경에 = 그와 비슷한 사건을 보고
그것을 끌고 와서 = 해결하는 것이 바로 지식의 말씀의 은사임

☞ 또 이 지식의 은사는 = 설교하는 목사님들에게는
신구약의 말씀이 = 설교할 때 톡톡 튀어나옴
그 때 그 때 필요할 때마다 = 몇 장 몇 절 튀어나옴

그러므로 우리에게 = 은사가 충만이 임하도록
기도하고 = 사모해야 할 줄로 믿음

☞ 학생들이 = 책을 읽고 공부를 해 놓으면
그때그때 필요할 때마다 톡톡 튀어나옴 = 이것을 지식의 은사라고 함
우리 학생들은 오늘 이 시간 = 다 이런 은사 받기를 주님의 이름으로 축원함

☞ 그러므로 성경에 = 너희가 사람 앞에 설 때(막 13:11)
무슨 말을 할까 염려하지 말라 = 내가 무슨 말할 것을 알려주리라
이것은 다 = 성령님에 의해서 나타남(요일 2:27)
"너희는 주께 받은 바 기름 부음이 너희 안에 거하나니 아무도 너희를 가르칠 필요가 없고 오직 그의 기름 부음이 모든 것을 너희에게 가르치며 또 참되고 거짓이 없으니 너희를 가르치신 그대로 주 안에 거하라."
따라서 합시다. = 주여, 주시옵소서.

3) 나타나는 영분별의 은사 =
이 영분별의 은사도 = 많은 사람들이 착각을 하고 있음
영분별의 = 은사를 받으면
이것은 마귀 저것은 성령의 역사 = 이렇게 분별하는 것인 줄로 알고 있음

☞ 그것이 아니고 영분별의 은사는 = 다른 말로 말하면 말분별의 은사임

요한복음 6장 63절 =
"살리는 것은 영이니 육은 무익 하니라 내가 너희에게 이른 말이 영이요 생명이니라."

우리가 지난번에 = "하나님의 말씀이란" 주제로
말에 대해서 = 자세히 들었음

우리 예수 믿는 성도 들은 = 특별히 이 말 분별의 은사를 받아야 함

그래야 사단의 꼬임에 = 넘어가지 않음
말은 누룩임 = 말 한마디가 온 교회를 썩게 만듬
말을 다스리지 못하면 = 믿음의 승리할 수 없음

## 2. 권능을 통하여 나타나는 성령의 은사

권능을 통하여 나타나는 은사도 세 가지임 = 믿음, 신유, 능력임

1) 나타나는 믿음의 은사 =
이것은 예수 믿고 = 구원받는 믿음이 아니라
이것은 특정한 일이 있을 때 = 산을 넘는 은사임
예를 들면 큰 시험이 왔는데 = 보통 때 같으면 그것 앞에 주저앉아 버림
그런데 두려움 없이 = 담대함이 생기면서 믿음이 오는 것임
이것이 = 은사적 믿음임

☞ 은사적 믿음이 온 사람은 = 태산 같은 문제가 앞에 와도
두려워하지 않고 = 자신감이 딱 들어 버림
동남풍아 불어라 = 서북풍아 불어라 두려워하지 않음
그러나 은사적 믿음이 = 오지 않는 사람은
조그만 문제만 와도 = 항상 두려워하고 안절부절 함
그러나 믿음의 은사가 = 온 사람은 담대함. 배짱이 생김
그리고 믿음의 은사가 온 사람과 = 안 온 사람은 충돌이 일어남
그래도 믿음의 은사가 = 온 사람은 양보하면 안 됨
그 순간 넘어가 버리면 = 믿음의 은사는 사라져 버리기 때문임

☞ 이것은 일시적으로 나타났다가 = 목적을 이루면 없어지는 은사임
어떤 사건이 = 생길 때마다 나타나는 은사임
이러한 믿음의 은사가 = 그때그때 마다 여러분에게 나타나시기를 바람

찬양 –926장 "사람을 보며 세상을 볼 때"

2) 나타나는 신유의 은사 =

질병을 몰아내는 은사, = 치료하는 은사,
이 신유의 은사는 = 병 고치는 은사인데 여러 가지로 옴
신유의 은사가 = 오는 길이 있음
일단은 병에 들린 자를 볼 때 = 불쌍히 여기는 마음이 들어야 함
질병 걸린 사람을 보면 = 너무너무 마음이 아파서 견딜 수 없는 것임
내가 대신 아팠으면 좋겠다라고 = 생각이 든 사람에게 신유의 은사가 옴

☞ 그리고 자기가 = 죽을병에 걸려서 기도하여 낫게 되면
　　　틀림없이 = 신유의 은사가 따라옴.
　　　병도 낳고, 그다음에 = 신유의 은사도 받게 됨
　　　세계적인 신유의 은사 자 들은 = 거의 다 죽을병에 걸렸다가
　　　하나님의 은혜로 치료받고 = 신유의 은사도 받게 된 자들임.

☞ 안수기도 해도 병이 낫고 = 교회에 신유 은사란 이렇게 나타남.
　　　자기 교회에 = 몸이 아픈 사람이 있으면
　　　그 은사 받은 사람도 = 그 다음날 똑같이 아파 버림
　　　이것만 봐도 교회는 = 한 몸이라는 것을 알 수 있음.

그래서 이 사람도 = 몸이 아프니까 집에서 잠을 못 잠

교회 와서 = 기도하게 됨

그리하여 = 이 은사 자가 병이 낫게 되면

원래 병에 걸렸던 = 그 교회 성도도 함께 낳아 버림. 참으로 신기함.

또 신유의 은사의 크기도 = 사람마다 다 다름.

신유의 은사도 자꾸 사용하면 = 이 신유의 은사도 점점 자라고 커짐.

☞ 사랑하는 성도 여러분,

신유의 은사를 = 받으시기를 원하시면 열심히 섬기세요!

이 신유의 은사는 = 몸을 돌보는 은사이므로

환자들을 사랑하고 = 헌신적으로 섬기면 이 은사가 옴.

질병에 걸린 사람을 보고, = 더러워 하고, 피하고,

이렇게 하게 되면 = 그런 사람에게는

동해물과 백두산이 = 마르고 달도록 신유의 은사가 오지 않음.

3) 나타나는 능력의 은사 = 이 은사는 힘의 은사임

    담대함, 배짱, = 사단 마귀 귀신의 역사 앞에서

    강하고 = 담대하게 타나 남

    모든 은사를 = 뒤에서 밀어주는 은사임

    병 고치는 것도 능력임 = 믿음도 능력임

    지혜도 능력임 = 지식도 능력임 = 귀신 쫓아내는 것도 능력임.

모든 것에 = 능력이 따름

말 한마디를 해도 = 그 말 한마디 한마디에 힘이 있음

상대방을 꺼꾸러뜨리고 = 변화시키는 힘이 있음

그러므로 여러분 모두 다 = 이 능력의 은사를 받아야 할 줄로 믿음

따라서 합시다. = 주여, 능력을 주시옵소서.

찬양 −680장 "능력 받으라." (성령 받으라)

## 3. 소리를 통하여 나타나는 = 성령의 은사(발성의 은사)

1) 나타나는 방언의 은사 = 모든 은사의 출발임
      하늘나라 말 = 언어임
      하나님 만 = 알아들을 수 있음

이 방언은 = 크게 세 가지임
첫째로 하나님을 향하는 은사 = 대신 방언이라고 함 (고전 14장)
      이것은 사람이 = 알아들을 수 없음
      특별히 통변하는 자에게는 = 알아들을 수 있음
이것을 = 기도의 방언이라고 함

둘째로 사람을 향하는 은사 = 대인 방언이라고 함 (행 2장)
      이 대인 방언은 = 이 지구상의 방언을 하는 것임.
셋째로 물질을 향하여 = 나무 짐승 새 이런 것들에게 말을 하는 것임
      성프란시스꼬가 = 여기까지 간 것임

나무하고 = 말하는 사람도 있음

사도바울은 로마서에서 = 만물이 탄식하는 소리를 들었다고 했음.

☞ 보세요. 음악을 들으면 = 꽃을 더 빨리 핀다는 것임

　　　　닭도 알을 = 더 잘남

　　　　동물들도 식물들도 = 다 언어가 있음

　　　　하나님의 성령의 역사가 임하면 = 대물 방언의 역사도 일어남

☞ 어떤 권사님이 밤새도록 = 산에서 기도를 하고 아침에 눈을 떠보니
오만 잡동사니 짐승들이 = 옆에 와 있는 것임
권사님이 깜작 놀라서 하나님 살려 주세요 = 주여 이게 어떻게 된 것입니까?
무서워 죽겠슙니다. = 하고 기도했더니
하나님께서 네가 밤새도록 = 이들을 불렀지 않느냐? 그러시는 것임

☞ 방언은 물 쏟아지듯이 해야 함 = 방언은 모든 은사의 출발점임
방언을 못하면 = 지혜의 은사 지식의 은사 분별의 은사 안 옴
모든 은사의 뚜껑이 = 바로 방언의 은사임.

☞ 마치 고구마를 뽑으면 = 모든 고구마가 뿌리 채 따라오듯이
방언을 많이 말하면 = 모든 은사가 끌려 나옴
그러므로 = 방언 말하기를 금하지 말아야 함
성경에서도 = 방언을 금하지 말라고 했음
찬양 – 680장, "성령 받으라"
　　　　1174장, "참 참 참 피 흘리신"

따라서 합시다. = "은사의 시작은 방언임."

2) 나타나는 통역의 은사 =

방언을 해석하는 은사 = 방언이 우리말로 직접 들려옴


☞ 그 다음에 방언을 말하다가 = 뒤 따라서 우리말이 나오는 경우가 있음

  이러한 통역은 = 자기에게만 해당이 됨


☞ 그리고 방언이 = 우리말로 직접 들려옴

  영어를 통역하듯이 어떤 방언을 들어도 = 그것이 우리나라 말로 직접 들림


방언 통역을 하기를 원하시면 = 무조건 방언을 많이 해야 함

방언 많이 하지 않는 사람들에게는 = 절대로 통변의 은사가 오지 않음


3) 나타나는 예언의 은사 =

미래에 되어 질 일을 = 말씀에 비추어 나타나는 은사

요한계시록 2장 3장을 = 보면 알 수 있음

칭찬, 책망, 권면 약속, = 이런 원리로 나타남


영 = 영에서 나오는 말은 예언이 적중함

혼 = 혼에서 나오는 말은 틀림 (감정이 개입됨)

육 = 육의 말은 사망


찬양 = 498 은사 원한 내게 은사의 주님

# 9

## 요한계시록 2:1-7

# 촛대의 옮김

계 2:1-7, 개역

[1] 에베소 교회의 사자에게 편지하기를 오른손에 일곱 별을 붙잡고 일곱 금 촛대 사이에 다니시는 이가 가라사대

[2] 내가 네 행위와 수고와 네 인내를 알고 또 악한 자들을 용납지 아니한 것과 자칭 사도라 하되 아닌 자들을 시험하여 그 거짓된 것을 네가 드러낸 것과

[3] 또 네가 참고 내 이름을 위하여 견디고 게으르지 아니한 것을 아노라

[4] 그러나 너를 책망할 것이 있나니 너의 처음 사랑을 버렸느니라

[5] 그러므로 어디서 떨어진 것을 생각하고 회개하여 처음 행위를 가지라 만일 그리하지 아니하고 회개치 아니하면 내가 네게 임하여 네 촛대를 그 자리에서 옮기리라

[6] 오직 네게 이것이 있으니 네가 니골라 당의 행위를 미워하는도다 나도 이것을 미워하노라

[7] 귀 있는 자는 성령이 교회들에게 하시는 말씀을 들을지어다 이기는 그에게는 내가 하나님의 낙원에 있는 생명나무의 과실을 주어 먹게 하리라

기독교 역사 = 2천년 동안
불멸의 존재인 = 사도 바울이란 사람이 있음
아무도 흉내 낼 수 없을 정도로 = 위대한 능력을 지닌 사도 중에 사도임

이 위대한 = 대 사도인 바울이 이렇게 말했음
고린도전서 2장 3절 =
"내가 너희 가운데 있을 때 약하며 두려워하며 심히 떨었노라."고 했음

바울이 왜 떨었을까?
돈 때문일까? = 무서움 때문일까?
협박 때문일까? = 암 병 때문일까? 아님
사도 바울이 = 심히 떤 것은
하나님의 일을 하는 현장에서 = 성령님이 나타나지 않을까 봐 떨었음
바울이 = 하나님의 일을 해 보니까?
성령의 나타남이 없이는 = 안 되더라는 것임
그래서 심히 떨었던 것임

바울이 떨었다면 = 우리는 어떻게 해야 할까?
더 많이 = 떨어야 할 줄로 믿음
그런데 문제는 = 바울은 떨었는데
오늘날 성도들은 = 안 떤다는 것임

뭐도 없으면서요? ― ― ― 성령도 없으면서 ― ― ― 떨지 않는 것이다.
왜 그러느냐?
성령의 나타남 없이도 = 될 줄로 착각하고 있기 때문임

그러므로 성령의 나타남이 있으려면 = 그날이 분명해야 함

1) 그날 = (3.5 + 40일) + 오순절 성령세례
2) 영적인 주소 → 다소 → 다메섹 → 직가 → 아라비아 → 안디옥
3) 쪼개진 반석

※ 나는 성령세례도 받고, = 방언도 하고,
가끔 가다 기도할 때 = 손도 떨리는 진동도 오고,
목사님이 안수 할 때 = 뒤로 나자빠지기도 하는데,
그런데 왜 나는 = 성령의 나타남이 만족하지 아니하고 시원찮을까?
여기에 대한 = 해답을 들으시기를 바람
하나님은 = 우리를 쓰시기 위해서
할 수 없이 = 인간을 쪼개기 위하여
지팡이를 사용하시는데 = 하나님이 사용하시는 지팡이는 이런 것들이 있음
1. 물질의 지팡이 = 돈, 재산, 사업
2. 질병의 지팡이 = 병,
   하나님께서 목적을 가지고 = 때리는 병은 절대로 낫지 않음
   그렇다고 죽지도 않음 = 쪼개려고 달라붙은 병임
   사명을 가지고 달라붙었기 때문에 = 그 사명을 다하기 전에는 나가지 않음
   쪼개져야 나감
3. 자식의 지팡이 = 타락, 불순종, 집나감, 죽음 등등
4. 아내, 혹은 남편의 지팡이 = 바람나고, 집나가고, 싸우고, 이혼 등등
5. 환경의 지팡이 = 우겨 쌈을 당함, 부끄러움을 당함, 어려움을 당함

4) 장소, 지역에 나타난 성령. (라마나욧)
이 세상 땅 지역 장소마다 = 영적구조가 다 각기 다른데
이것은 사도 바울도 = 동일한 눈으로 보았음

에베소서 6장 10-13절,
"우리의 싸움은 혈과 육에 대한 것이 아니요 정사와 권세와 이 어두움의 주관자들과 하늘에 있는 악의 영들에게 대함이라."

바울도 이 세상 일어난 = 영적 배경을 말함
혈과 육 → 가장 밖에서 나타나는 실체임
정사와 →
권세와 →
어두움의 주관 자 →
하늘에 있는 악의 영들 →
이것은 = 마귀의 조직체임
삼상 19:18-24, 라마나욧

5) 성령의 기름부음
다윗이 유명한 사람이 된 것은 = 골리앗을 죽임으로가 아니고
다윗이 기름부음을 받을 때 = 이미 유명한 자가되었음
다윗은, 1. 위대한 시인- 시 23편은 인류 역사상 가장 위대한 시
      2. 위대한 정치가- 전 팔레스타인이 손안에 들어왔음
      3. 위대한 음악가- 수금을 탈 때, 사울에게 들었던 악신이
          물러갔음
      4. 위대한 장군- 백전백승임. 우리도 영적 싸움에서 이겨야 함

성령의 기름부음을 받으면 =

1. 선지자의 권세 −하나님의 뜻을 먼저 받고 가르침(요일2:27)

    성령이 가르치심(고전2:15-16)

    (선지자의 권세- 환상이 열림, 신령한 꿈을 꿈)

2. 제사장의 권세 −백성들의 문제를 해결함(상담),

    병을 고침, 중보 기도를 함

3. 왕의 권세 −모든 면에서 힘이 생깁니다.

    능력, 권세, 사람을 다스리는 권세, 나라가 임함,

    환경을 극복함, 원수가 물러감,

    사역 장이 넓어짐, 말의 권세가 따름,


6) 성령의 마심

빨대를 확보하라 = 사람마다 각자 이 빨대가 다름

1. 어떤 자는 찬송을 부를 때 = 성령이 충만히 임함
2. 어떤 자는 기도할 때 = 성령이 충만히 임함
3. 어떤 자는 철야할 때 = 성령이 충만히 임함
4. 어떤 자는 전도할 때 = 성령이 충만히 임함
5. 어떤 자는 헌금 때 = 성령이 충만히 임함
6. 어떤 자는 말씀 듣고, = 읽을 때 성령이 충만히 임함
7. 어떤 자는 설교할 때 = 성령이 충만히 임함
8. 어떤 자는 심방할 때 = 성령이 충만히 임함
9. 어떤 자는 봉사할 때 = 성령이 충만히 임함


7) 능력전가

열왕기상 19:19-21 =

본문은 어떻게 = 엘리야의 능력이
엘리사에게로 가게 되었느냐를 보면 = 몇 가지의 다른 점이 있음
1. 출발점이 달랐음
2. 끝까지 따라갔음
3. 겉옷을 찢을 때 능력이 임함

8) 은사를 통하여 = 나타난 성령의 역사
성령의 나타남은 교회의 유익을 위해서, = 혹은 개인의 유익을 위해서 나타남
1. 생각을 통하여 = 나타나는 성령의 은사
(1) 나타나는 지혜의 은사 = 어떤 사건이 있을 때
그 사건을 돌파해 나가는 = 능력을 말하는 것임
잠재의식의 지혜가 아니라 = 순간적으로 나타나는 지혜임
(2) 나타나는 지식의 은사 =
과거로부터 현재까지를 = 지식의 은사라 하고,
현재부터 = 미래를 지혜라 함
지식의 은사는 = 현재의 사건을 조명하는 능력을 말하는 것임
옛날의 있었던 일들이 생각나서 = 현재의 사건을 조명함
(3) 나타나는 영 분별의 은사 = 영 분별의 은사는 말분별의 은사임
요한복음 6장 63절 =
**"살리는 것은 영이니 육은 무익 하니라 내가 너희에게 이른 말이 영이요 생명이니라."**
2. 권능을 통하여 = 나타나는 성령의 은사
(1) 나타나는 믿음의 은사 =
　　　　일시적으로 나타났다가 = 목적을 이루면 없어지는 은사임

　　　　　어떤 사건이 = 생길 때마다 나타나는 은사임
(2) 나타나는 신유의 은사 = 질병을 몰아내는 은사, 치료하는 은사
(3) 나타나는 능력의 은사 = 담대함, 배짱,
　　　사단 마귀 귀신의 역사 앞에서 = 강하고 담대하게 타나남
3. 소리를 통하여 나타나는 성령의 은사(발성의 은사)
(1) 나타나는 방언의 은사 =
　　　　모든 은사의 출발임 = 하늘나라 말, 언어임
　　　　하나님 만 알아들을 수 있음 = 특별히 통변하는 자에게는
알아들을 수 있음
(2) 나타나는 예언의 은사 =
미래에 되어 질 일을 = 말씀에 비추어 나타나는 은사
영 → 영에서 나오는 말은 예언이 적중함
혼 → 혼에서 나오는 말은 틀림(감정이 개입됨)
육 → 육의 말은 사망
(3) 나타나는 통역의 은사 = 방언을 해석하는 은사,
　　　방언이 우리말로 직접 들려옴.

## 촛대의 옮김

하나님의 성령이 = 한 사람을 붙잡고 역사하시다가
하나님의 성령이 = 그 사람에게 있지 않고 다른 사람으로 옮겨가는 경우가 있음

또 어떤 한 지역을 붙잡고 = 성령이 역사하다가

다른 지역으로 = 하나님의 성령의 역사가 옮겨가는 경우가 있음
옮겨간다고 = 그 사람에게서 성령이 떠나고
그 사람이 = 지옥 간다는 것이 아니라
사역의 중심권임 = 이것을 촛대라고 말함
따라서 합시다. – "촛대"

그러므로 사역의 중심권에서 = 멀어져 간다는 것임
이제 앞으로는 성령의 촛대가 = 여러분의 심령에 꽂히기를 바람.
성령님이 여러분을 붙잡고
"야 나는 너밖에 없어 네가 좋아 나는 너하고 일할거야!"
이렇게 되기를 바람.
따라서 합시다. – "성령이여 내가 여기 있나이다."

그래서 우리나라도 = 성령의 역사하는 것이
한 사람 한 장소에서 = 그대로 있지 않음.

☞ 우리나라에서 = 성령운동의 본산이 바로 용문산임
해방 후에 = 용문산에서 부흥회를 하면
사람이 하도 많이 오기 때문에 = 경부선 임시 열차를 운행 했음

그때 = 차도 없고 열차밖에 없었어도
1만 명이 운집해서 = 성령의 충만을 받은 것임
산 전체가 = 라마나욧이 된 것임
술주정뱅이가 = 마누라 잡으러 왔다가
용문산에만 들어오면 방언이 터졌다고 함

70년대 말에 열리는 = 여름 산상집회 때는 수천명 이상이 왔음
그때 = 성령의 역사가 대단했음

이와 같이 성령의 역사가 = 폭발적이었던 용문산 성령의 역사도
끝까지 가지 못하고 = 그 촛대가 한얼산으로 옮겨갔음

☞ 한얼산기도원의 = 성령의 역사도 대단했음
그때 당시 한얼산 기도원에 와서 = 방언 못 받는 사람은 개만도
못하다고 했음
강아지 까지 = 방언 다 받는다고 했음
한얼산 기도원에서 = 방언 못 받는 것은 빗자루밖에 없다고
할 정도로 = 성령의 역사가 한때 대단했음
그때 학생들을 = 30여명 데리고 은혜 받으러 가면
한 사람도 빠짐없이 = 다 방언 받고 큰 은혜를 체험했음

그런데 그 주인공인 = 이천석 목사님이 소천하시니까
그 성령의 촛대가 = 옮겨 가 버리는 것임

☞ 이 성령의 촛대가 바로 = 오산리 기도원으로 옮겨갔음
오산리 순복음 금식 기도원도 = 한 때 성령의 역사가 대단했음
그 인근 지역 주민들과 = 군부대에서
오산리 기도원 부흥집회 때 = 불이 났다고 불 끄러 오는 소동이
벌어졌었음

☞ 그런데 = 이 성령의 역사가

그 다음에 = 이 촛대가 바로 흰돌산 기도원으로 옮겨갔음
90년대 중반부터 = 성령의 폭발적인 역사가 일어나기 시작했음

촛대가 옮겨간 발자취를 보면, 한번 따라서 합시다.
☞ 용문산기도원 → 한얼산기도원 → 오산리기도원 → 흰돌산기도원

이 지역들이 = 다 성령의 촛대들이 지나간 자리들임
지금은 성령의 촛대가 = 어디 있을까요?
지금은 성령님의 촛대가 = 공중에 떠있음
어디로 갈까 = 누구에게 때릴까 하고 찾고 계심
오늘 그 불을 잡으십시오. = 오늘 그 주인공이 다 되시기를 바람
여러분이 = 촛대 중심의 피뢰침이 되어서
성령을 폭발적으로 = 나타내시기를 바람

이 공중에 떠있는 = 성령의 촛대가
또 우리교회에 = 와 머물 수 있도록
우리가 힘써 사모하고 = 기도해야 할 줄로 믿음

이와 같이 하나님의 성령은 = 지역과 사람을 촛대 삼음
여기에 걸려드는 사람은 = 복 있는 사람임

찬양 −1278장, "방황하는 나에게"
　　　　1220장, "지금껏 내가 한 일이"

그러므로 = 이 촛대의 역사는 옮겨 다님

그래서 사도행전을 보면 = 크게 두 가지의 사건으로 볼 수 있음
☞ 하나는 1장에서 = 10장까지는 베드로 장으로서
　베드로 사도가 = 활동한 내용을 기록한 장임

☞ 여기는 베드로를 중심하여 = 성경이 기록되어있음
　그러니까 하나님의 성령이 = 베드로를 붙잡고 역사하심
　베드로가 어디로 가든지 = 베드로가 병 고치면,
　베드로가 감옥에 가면 = 베드로가 앉은뱅이를 고치면
　베드로가 죽은 자를 살리면 = 베드로가 설교를 하면
　베드로가 무엇을 하든지 = 성령님께서 베드로를 붙잡고 일하심
　10장까지는 = 베드로가 성령의 촛대였음. 사역의 촛대임

☞ 그러다가 10장 이후로 = 11장에서 – 28장은
　사도 바울 장으로서 = 바울의 사건을 다루고 있음
　베드로 이야기가 = 잘 안 나옴

☞ 그래서 베드로에게서 = 바울로 그 촛대가 넘어감
　바울이 어디를 가는지 = 성령의 카메라가 바울을 따라다님
　야구장의 수많은 카메라가 있어도 = 그 카메라들이 다 어디를 따라가요?
　투수 따라다녀요? = 타자 따라다녀요?
　공을 따라다님 = 이 공이 가는 데로 카메라들이 다 따라다님
　야구장의 수 만 명이 모여도 = 그 많은 사람들의 눈이 다 누구를 따라다녀요?
　공을 따라다님 = 그 공이 볼이냐, 스트라이크냐,

안타냐, 홈런이냐 = 수많은 사람들의 관심은 공에게 있음
☞ 우리가 축구경기를 봐도 = 모든 카메라가 공을 따라다님
또 모든 사람들의 = 시선도 공을 따라다님
공이 누구의 발에 = 붙어있느냐가 관심거리임
축구장의 수 만 명이 있어도 = 그 사람들의 눈은 공을 따라다님
이와 같이 = 하나님의 성령도 마찬가지임
사랑하는 성도여러분!
여러분이 앞으로 성령의 카메라의 = 서포트 라이트를 받으시기를 바람

☞ 11장 이후에서는 = 사도 바울이 성령의 촛대였음

성경에 보면 처음에는 = 성령님이 사도 베드로를 비추다가
그 다음에는 바울에게로 넘어갔는데 = 촛대가 바울에게로 옮기게 된 동기는
사도행전 10장 1절 이하의 = 고넬료 환상과 베드로 환상 사건에서 결판이 남
그러나 베드로는 = 환상 가운데 나타나는
부정한 짐승을 잡아먹으라고 하는 = 명령을 세 번씩이나 주님 앞에서 거절했음

이 환상 가운데 = 나타난 부정한 동물들은
이방인을 말하며 더 구체적인 것은 = 고넬료 가정식구들을 말하는 것임
이것은 복음으로 = 고넬료 가정을 잡아먹으라고 하시는

하나님의 = 선교명령 이었음
그러나 베드로는 끝내 = 그 명령에 거절을 했던 것임

여러분은 절대로 = 성령의 촛대를 빼앗기지 마시고
성령님에게 협조를 잘 하셔서 = 성령의 쓰심에 합당한 자들이 되시기를 바람

찬양 −1166장, "가서 제자 삼으라" (갈릴리 마을 그 숲속에서)
　　　926장, "사람을 보며, 세상을 볼 때"

☞ 베드로는 = 시온니즘에 사로잡혀 사는 자임
　한마디로 성령이 = 자유하게 쓰시기에 힘든 사람이었음
　히브리 사상을 탈피하지 않는 = 한 성령은 자유하게 나타날 수가 없음

☞ 시온니즘이란? = 오직 이스라엘 백성만 하나님의 자손이요,
　이방인들은 = 다 짐승과 같이 취급하는 사상임
　구원도 오직 = 유대인에게만 있다고 주장하는 자들임
　이방인들은 하늘나라 가면 = 안 되는 것으로 알고 있음

베드로는 이 시온니즘에 = 사로잡혀 있었기 때문에
하나님의 이방인 구원에 대한 = 계획을 이해하지 못했음
그러므로 성령이 쓰시기에 = 껄끄러운 자가 되고 만 것임

사도행전 10장 9절부터 = 16절까지 읽음

베드로가 이 환상이 끝난 후 = 고민하고 있을 때

17절 이하의 = 사건이 일어난 것임

☞ 보세요? = 베드로 한사람을 움직이기 위해서

  환상, 성령의 음성, 천사 = 이 셋이 동원된 것임

  그런데도 베드로는 = 어릴 때부터 굳어진

  고정관념에 붙잡혀서 = 시오니즘 유대주의에 붙잡혀서

  베드로 한사람이 = 움직이기가 힘든 것임


결국 베드로는 = 마지못해서 따라갔음

가면서도 베드로는 = 발걸음이 무거운 것임

왜? 내가 갔다가 = 다른 사도들에게 어떻게 보일까 염려하는 것임


☞ 여러분 하나님의 일하는 사람들은 = 사람을 의식하면 안 됨

  사람 눈치 = 살피면 안 됨

  오직 하나님의 눈치 = 성령의 눈치만 살펴야 할 줄로 믿음


베드로 보세요? = 앉은뱅이가 일어나고

죽은 자가 살아나도 = 자기 속에 내제에 있는 선입관념을 못 이김

그렇게 = 사람이 나약한 것임


☞ 베드로와 바울을 = 비교해 보면

  지식으로 말하면 = 바울과 베드로는 비교할 수가 없음

  베드로는 = 갈릴리출신 아닙니까?

  갈릴리 출신들은 = 문교부 혜택을 못 받은 평범한 사람들임

그러나 바울은 = 이스라엘 최고의 교육 기관인

가말리엘 문하에서 = 교육을 받은 사람임
그런데 바울은 = 자기가 가지고 있던 지식을 배설물처럼 버렸음
베드로는 들은 것도 없으면서 = 자기의 고정관념이 뭐 대단하다고 성령을 거스립니까?

☞ 그래서 성령님이 = 야 너 하나 움직이기 힘들다
   육, 해, 공군을 다 동원해도 = 너 하나 움직이기가 너무 힘들다.
   너 너무 뻣뻣하다. = 그래서 베드로는 사역의 중심에서 밀려난 것임
   그리고 성령은 바울을 들어 = 사역의 중심으로 사용하신 것임

여러분 성령이 선교 명령을 내리실 때 = 거부하면 촛대가 옮겨버림
그런데 = 우리는 과거에
성령의 수 없는 음성을 들었는데도 = 놓쳐 버린 것이 많음
앞으로 우리는 = 성령의 눈치를 살피고
그 음성을 = 놓치지 말아야 할 줄로 믿음

☞ 우리는 성령이 쓰시기에 = 편안한 사람이 되어야 할 줄로 믿음
   토기장이가 = 그릇을 만들기 위해서
   진흙을 다루듯이 = 성령님이 우리를 진흙 다루듯이
   자유하게 다루실 수 = 있도록 순종해야 함
   그렇지 않으면 촛대를 옮겨버림 = 나대신 다른 사람을 택하여 사용하심

☞ 이제, 여러분들은 = 성령의 음성이 들리면 순종 하실래요?
   야들야들 하실래요?

우리는 늘 = 성령의 음성이 들려오거든

즉각적으로 반응을 = 나타내 보여야 할 줄로 믿음

내 고정관념, 내 지식, = 내 이론 내려놓으면

하나님의 사역의 = 중심에 설수 있음

찬양 = 1028장, "비바람이 앞길 막아도 나는 가리"

　　　1268장, "이제 내가 살아도"

　　　908장, "주님 것을 내 것이라고"

☞ 사무엘상 16장 1절 = 이하에 보면

불순종한 사울 왕의 촛대를 = 순종한 다윗에게로 옮겨버리는 사건이 나옴

☞ 사도행전 1장 23-26절에 보면 = 열두 사도중 하나인

가룟 유다의 촛대가 = 맛디아에게로 옮겨지는 것을 볼 수 있음

요한계시록 2장 5절 =
"그러므로 어디서 떨어진 것을 생각하고 회개하여 처음 행위를 가지라 만일 그리하지 아니하고 회개치 아니하면 내가 네게 임하여 네 촛대를 그 자리에서 옮기리라."

성경에 보면 예수님 당시에 = 주님을 따르는 무리들을 보면 각기 다름 주님도 그 따르는 자들을 대할 때 = 각각 다르게 상대하는 것을 볼 수 있음

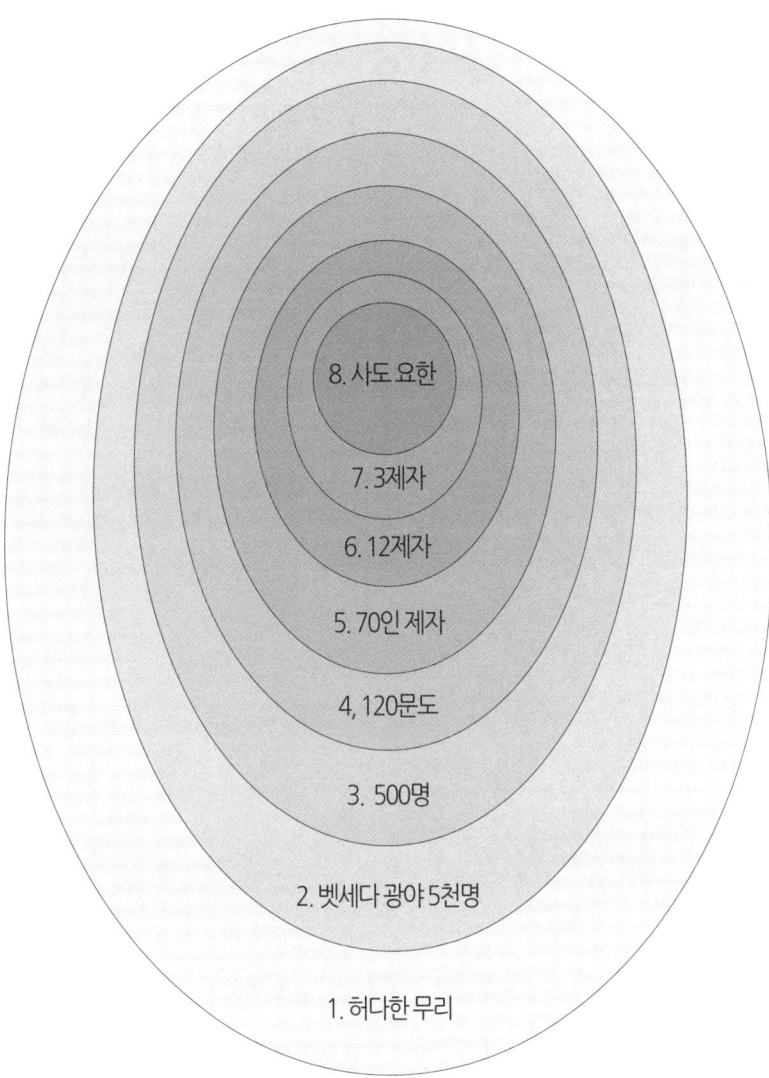

# 10

## 갈라디아서 5:16-24

# 성령의 열매와 범죄

갈 5:16-24, 개역
[16] 내가 이르노니 너희는 성령을 좇아 행하라 그리하면 육체의 욕심을 이루지 아니하리라
[17] 육체의 소욕은 성령을 거스리고 성령의 소욕은 육체를 거스리나니 이 둘이 서로 대적함으로 너희의 원하는 것을 하지 못하게 하려 함이니라
[18] 너희가 만일 성령의 인도하시는 바가 되면 율법 아래 있지 아니하리라
[19] 육체의 일은 현저하니 곧 음행과 더러운 것과 호색과
[20] 우상 숭배와 술수와 원수를 맺는 것과 분쟁과 시기와 분냄과 당 짓는 것과 분리함과 이단과
[21] 투기와 술 취함과 방탕함과 또 그와 같은 것들이라 전에 너희에게 경계한 것 같이 경계하노니 이런 일을 하는 자들은 하나님의 나라를 유업으로 받지 못할 것이요 [22] 오직 성령의 열매는 사랑과 희락과 화평과 오래 참음과 자비와 양선과 충성과
[23] 온유와 절제니 이같은 것을 금지할 법이 없느니라
[24] 그리스도 예수의 사람들은 육체와 함께 그 정과 욕심을 십자가에 못 박았느니라

기독교 역사 = 2천년 동안

불멸의 존재인 = 사도 바울이란 사람이 있음

아무도 흉내 낼 수 없을 정도로 = 위대한 능력을 지닌 사도 중에 사도임

이 위대한 = 대 사도인 바울이 이렇게 말했음

고린도전서 2장 3절 =

"내가 너희 가운데 있을 때 약하며 두려워하며 심히 떨었노라."고 했음

바울이 왜 떨었을까?

돈 때문일까? = 무서움 때문일까?

협박 때문일까? = 암 병 때문일까? 아님

사도 바울이 = 심히 떤 것은

하나님의 일을 하는 현장에서 = 성령님이 나타나지 않을까 봐 떨었음

바울이 = 하나님의 일을 해 보니까?

성령의 나타남이 없이는 = 안 되더라는 것임

그래서 심히 떨었던 것임

바울이 떨었다면 = 우리는 어떻게 해야 할까?

더 많이 = 떨어야 할 줄로 믿음

그런데 문제는 = 바울은 떨었는데

오늘날 성도들은 = 안 떤다는 것임

뭐도 없으면서요? --- 성령도 없으면서 --- 떨지 않는 것이다.

왜 그러느냐?

성령의 나타남 없이도 = 될 줄로 착각하고 있기 때문임

그러므로 성령의 나타남이 있으려면 = 그날이 분명해야 함


1) 그날 = (3.5 + 40일) + 오순절 성령세례
   배워도 안되요, 보아도 안되요, 받으면 됩니다.
2) 영적인 주소 → 다소 → 다메섹 → 직가 → 아라비아 → 안디옥
3) 쪼개진 반석


※ 나는 성령세례도 받고, = 방언도 하고,
가끔가다 기도할 때 = 손도 떨리는 진동도 오고,
목사님이 안수 할 때 = 뒤로 나자빠지기도 하는데,
그런데 왜 나는 = 성령의 나타남이 만족하지 아니하고 시원찮을까?
여기에 대한 = 해답을 들으시기를 바람
하나님은 = 우리를 쓰시기 위해서
할 수 없이 = 인간을 쪼개기 위하여
지팡이를 사용하시는데 = 하나님이 사용하시는 지팡이는 이런 것들이 있음
1. 물질의 지팡이 = 돈, 재산, 사업
2. 질병의 지팡이 = 병,
   하나님께서 목적을 가지고 = 때리는 병은 절대로 낫지 않음
   그렇다고 죽지도 않음 = 쪼개려고 달라붙은 병임
   사명을 가지고 달라붙었기 때문에 = 그 사명을 다하기 전에는 나가지 않음
   쪼개져야 나감
3. 자식의 지팡이 = 타락, 불순종, 집나감, 죽음 등등
4. 아내, 혹은 남편의 지팡이 = 바람나고, 집나가고, 싸우고, 이혼 등등

5. 환경의 지팡이 = 우겨 쌈을 당함, 부끄러움을 당함, 어려움을 당함

찬양 = 3513장, "모든 만민들아"
      1220장, "지금껏 내가 한 일이"


4) 장소, 지역에 나타난 성령, (라마나욧)
이 세상 땅 지역 장소마다 = 영적구조가 다 각기 다른데
이것은 사도 바울도 = 동일한 눈으로 보았음

에베소서 6:10-13
**"우리의 싸움은 혈과 육에대한 것이 아니요 정사와 권세와 이 어두움의 주관자들과 하늘에 있는 악의 영들에게 대함이라"**

바울도 이 세상 일어난 = 영적 배경을 말함
혈과 육 → 가장 밖에서 나타나는 실체임
정사와 →
권세와 →
어두움의 주관 자 →
하늘에 있는 악의 영들→
이것은 = 마귀의 조직체임
삼상 19:18-24, 라마나욧
5) 성령의 기름부음
다윗이 유명한 사람이 된 것은 = 골리앗을 죽임으로가 아니고
다윗이 기름부음을 받을 때 = 이미 유명한 자가되었음

5) 성령의 기름부음

다윗이 유명한 사람이 된 것은 = 골리앗을 죽임으로가 아니고

다윗이 기름부음을 받을 때 = 이미 유명한 자가되었음

다윗은, 1. 위대한 시인- 시 23편은 인류 역사상 가장 위대한 시

2. 위대한 정치가- 전 팔레스타인이 손안에 들어왔음

3. 위대한 음악가- 수금을 탈 때, 사울에게 들었던 악신이 물러갔음

4. 위대한 장군- 백전백승임. 우리도 영적 싸움에서 이겨야 함


성령의 기름부음을 받으면 =

1. 선지자의 권세 -하나님의 뜻을 먼저 받고 가르침(요일2:27)

성령이 가르치심(고전2:15-16)

(선지자의 권세- 환상이 열림, 신령한 꿈을 꿈)

2. 제사장의 권세 -백성들의 문제를 해결함(상담),

병을 고침, 중보 기도를 함

3. 왕의 권세 -모든 면에서 힘이 생깁니다.

능력, 권세, 사람을 다스리는 권세, 나라가 임함,

환경을 극복함, 원수가 물러감,

사역 장이 넓어짐, 말의 권세가 따름,


6) 성령의 마심

빨대를 확보하라 = 사람마다 각자 이 빨대가 다름

1. 어떤 자는 찬송을 부를 때 = 성령이 충만히 임함

2. 어떤 자는 기도할 때 = 성령이 충만히 임함

3. 어떤 자는 철야할 때 = 성령이 충만히 임함

4. 어떤 자는 전도할 때 = 성령이 충만히 임함

5. 어떤 자는 헌금 때 = 성령이 충만히 임함

6. 어떤 자는 말씀 듣고, = 읽을 때 성령이 충만히 임함

7. 어떤 자는 설교할 때 = 성령이 충만히 임함

8. 어떤 자는 심방할 때 = 성령이 충만히 임함

9. 어떤 자는 봉사할 때 = 성령이 충만히 임함


7) 능력전가

열왕기상 19:19-21 =

본문은 어떻게 = 엘리야의 능력이

엘리사에게로 가게 되었느냐를 보면 = 몇 가지의 다른 점이 있음

1. 출발점이 달랐음

2. 끝까지 따라갔음

3. 겉옷을 찢을 때 능력이 임함


8) 은사를 통하여 = 나타난 성령의 역사

성령의 나타남은 교회의 유익을 위해서, = 혹은 개인의 유익을 위해서 나타남

1. 생각을 통하여 = 나타나는 성령의 은사

(1)나타나는 지혜의 은사 = 어떤 사건이 있을 때

그 사건을 돌파해 나가는 = 능력을 말하는 것임

잠재의식의 지혜가 아니라 = 순간적으로 나타나는 지혜임

(2) 나타나는 지식의 은사 =

과거로부터 현재까지를 = 지식의 은사라 하고,

현재부터 = 미래를 지혜라 함

지식의 은사는 = 현재의 사건을 조명하는 능력을 말하는 것임
옛날의 있었던 일들이 생각나서 = 현재의 사건을 조명함
(3) 나타나는 영 분별의 은사 = 영 분별의 은사는 말분별의 은사임

요 6:63 =
"살리는 것은 영이니 육은 무익 하니라 내가 너희에게 이른 말이 영이요 생명이니라."

2. 권능을 통하여 = 나타나는 성령의 은사
(1) 나타나는 믿음의 은사 =
  일시적으로 나타났다가 = 목적을 이루면 없어지는 은사임
  어떤 사건이 = 생길 때마다 나타나는 은사임
(2) 나타나는 신유의 은사 = 질병을 몰아내는 은사, 치료하는 은사
(3) 나타나는 능력의 은사 = 담대함, 배짱,
  사단 마귀 귀신의 역사 앞에서 = 강하고 담대하게 타나남
3. 소리를 통하여 나타나는 성령의 은사(발성의 은사)
(1) 나타나는 방언의 은사 =
  모든 은사의 출발임 = 하늘나라 말, 언어임
  하나님 만 알아들을 수 있음 = 특별히 통변하는 자에게는 알아들을 수 있음
(2) 나타나는 예언의 은사 =
미래에 되어 질 일을 = 말씀에 비추어 나타나는 은사
영 → 영에서 나오는 말은 예언이 적중함
혼 → 혼에서 나오는 말은 틀림(감정이 개입됨)
육 → 육의 말은 사망

(3) 나타나는 통역의 은사 = 방언을 해석하는 은사.
　　　방언이 우리말로 직접 들려옴.

9) 촛대 옮김
　우리나라 성령의 촛대가 = 옮겨간 발자치를 보면 한번 따라서 합시다.

☞ 용문산기도원 → 한얼산기도원 → 오산리기도원 → 흰돌산기도원
　사도행전 1:1-10장, 베드로의 촛대가 = 11:1-28장 바울에게로
　넘어갔음

## 성령의 열매와 = 성령께 대한 범죄

☞ 오늘 이 시간에는 성령의 열매와 = 성령께 대한 범죄에 대하여
　상고하겠음

갈라디아서 5:22-23 =
"오직 성령의 열매는 사랑과 희락과 화평과 오래 참음과 자비와 양선과 충성과 온유와 절제니 이 같은 것을 금지할 법이 없느니라."

이것은 성령의 열매임
성령의 열매로부터 나타나는 이 단어들은 = 인간이 가지고 있는
사랑이 아님
그러나 인간 속에는 = 성령의 열매로부터 나타나는 사랑이 아니라
또 한 가지 사랑이 있음 = 인간의 사랑이 있음

☞그러니까 이 = 사랑과 희락과 화평과 오래 참음과
　　　　　자비와 양선과 충성과 온유와 절제니
　이것은 한가지의 단어가 = 두 가지의 의미가 있음
　그러므로 우리가 = 속으면 안 됨

어떤 사람은 그것을 (정) = 아 저 사람은 정말 사랑이 많다
그런데 하나님은 성령을 통하여 = 이루어진 사랑만 인정을 하심
성령을 통하여 나타나는 사랑만을 인정하신다.
그런데 사람들은 보면 = 성령을 통하여 이루어진 사랑이 아닌
원래 인간의 정이 = 많은 사람이 있음
이것을 하나님께로 = 온 정으로 착각하는데 그것은 아님
우리는 오히려 이 정을 = 십자가에 못 박아야 함
십자가에 처리해야함
십자가에 죽음을 맛보아야 한다.

갈라디아서 5장 24절
"그리스도 예수의 사람들은 육체와 함께 그 정과 욕심을 십자가에 못 박았느니라."

찬송 -427장, "내가 매일 기쁘게"

성령으로 인해 나타난 사랑은 = 그런 사랑이 아님
정으로 인해서 생긴 사랑이 아니고 = 출발이 성령으로부터 된 사랑임

이해되시면 '아멘' 합시다. = 이것을 구분 할 줄 알아야함

원래 육신적으로 = 천태생이 사랑이 많은 사람인가?
십자가로 처리된 = 사랑인가를 잘 구분해야함

☞ 희락도 = 마찬가지
   희락도 사람으로 인해서 = 나타나는 희락이 있음
   성령은 절대로 경박스럽게 역사하지 않음 = 성령은 절대로 조잡하지 않음
   성령은 절대로 = 이래라 저래라 하지 않음
   성령의 은사는 = 은은하게 그 열매가 나타남
   나타난 현상 중심은 = 잘못될 경우가 많음

☞ 이 희락도 = 두 가지 희락이 있음
   사람의 희락 이것은 = 조건적인 희락임
   무슨 = 좋은 일이 있으면 기쁘고
   환경이 좋지 않으면 = 안 기쁘고 하는 조건적 희락임

그러나 성령으로 = 오는 희락은 전천후 희락임
그 밖의 화평도, = 오래 참음도, 자비도 다 똑같음

☞ 그리고 독특한 현상은 = 나타난다는 말임
   그래서  = 나타나는 희락
         = 나타나는 사랑
         = 나타나는 화평 등 = 나타나는 은사임

☞ 원래 선천적으로 = 착하고 선한사람이 있음

그러나 인간의 착함과 사랑은 성령의 열매가 아님 = 이것을 잘
　　구분해야 함
　　성령의 사랑 인간의 사랑, = 성령의 희락 인간의 희락
　　성령의 화평 인간의 화평 = 이것이 둔갑하면 절대로 안 됨

☞ 그러므로 우리는 다 = 이 열매를 맺어야함
　이 열매를 맺으려면 = 성령의 나타남이 있어야 함

찬양 –1987장, "주님의 손길"

☞ 이제 성령께 대한 = 범죄에 대해서 상고하겠음

우리가 사람과 사람사이에도 = 범죄가 일어나는 것처럼
성령님과 나와의 관계에도 = 죄가 일어날 수가 있음
왜냐하면 성령님은 = 인격이시기 때문임

성경에 = 언급한 바에 의하면

우선 첫째 = 예수님이 말씀하신 바에 의하면
마태복음 12장 31-32절 = "성령의 훼방 죄"
성령 받은 사람보고 흉보는 것 = 그것을 성령훼방 죄가 아님

☞ 성령과 훼방 = 이 말을 둘로 나눠보면 알 수 있음

☞ 성령훼방 죄는 = 우선 성령께서 하시는 일을 알아야 알 수 있음

성령께서 하시는 첫 번째의 일이 = 사람들에게 예수를 믿게 하시는 것임
　　성령훼방 죄는 = 성령이 하시는 일을 훼방하는 것임
　　성령이 하시는 일을 = 훼방하는 사람은 절대로 구원 못 받음

☞그러므로 성령이 하시는 일의 = 첫 번째가 예수 믿는 일이니까?
　　성령훼방 죄는 다시 말하면 = 예수 믿지 않는 죄임
　　예수 믿는 것을 부정하고 = 예수 믿는 것을 방해 놓는 것임

마태복음 12장 23-30절의 말씀 후에 = 성령훼방 죄를 다루고 있음
성령훼방은 예수 부인임 = 예수를 귀신의 왕이라고 했음
성령에게 죄짓는 것이 아니고 = 예수에게 죄 지었는데
그것을 = 성령훼방 죄라고 하셨음
그 후에 주님이 말씀하시기를 = 성령을 훼방하는 사람은 구원 못 받는다고 했음
그러므로 성령훼방은 = 예수 부인하는 것임

☞그러므로 우리가 죄를 지을 수 있음 = 싸울 수도 있음
　　그 어떤 죄를 지어도 = 예수를 부인하지는 마시기를 바람
　　예수를 부인하는 사람은 = 성령을 훼방하는 죄를 짓게 되므로
　　다시는 = 구원받을 길이 없음

히브리서 6장 4-6절 = 이것도 같은 뜻임
예수 십자가를 부인하는 죄임 = 여기에는 구원이 없음

그러므로 성령훼방 죄는 = 쉽게 말하면 예수 안 믿는 죄 예수 부인하는 죄임

사도행전 5장 1-6절 = "성령을 속이는 죄"
사람은 성령을 = 속이는 죄를 범할 수가 있음
성령을 속이는 사람은 = 최소한 육신이 저주내지는 징계를 받음
그러므로 성령을 = 속이지 말아야 함

따라서 합시다. = "성령을 속이지 말자."

성령님을 속이면 안 됨 = 로마서 8장 26절, "성령의 탄식"이 있음
여러분과 제가 = 영적으로 어린아이를 벗어나지 못하면
성령님이 = 항상 탄식하심
그러므로 성령을 탄식시키지 말고 = 성령님을 기쁘시게 해야 할 줄로 믿음

에베소서 4:30 = "성령을 근심하게 하지 말자."
성령의 근심은 뭐냐?
사람과 사람과의 관계를 = 회개하지 아니하면 성령님이 근심하심

에베소서 4장 25-29절 = 읽으면 알 수 있음(엡 4:25-29, 개역)
[25] 그런즉 거짓을 버리고 각각 그 이웃으로 더불어 참된 것을 말하라 이는 우리가 서로 지체기 됨이니라
[26] 분을 내어도 죄를 짓지 말며 해가 지도록 분을 품지 말고
[27] 마귀로 틈을 타지 못하게 하라

[28] 도적질하는 자는 다시 도적질 하지 말고 돌이켜 빈궁한 자에게
구제할 것이 있기 위하여 제 손으로 수고하여 선한 일을 하라
[29] 무릇 더러운 말은 너희 입 밖에도 내지 말고 오직 덕을 세우는 데
소용되는 대로 선한 말을 하여 듣는 자들에게 은혜를 끼치게 하라

고집 때문에 = 회개하지 않으면 성령님이 근심하심

☞ 중국이 나은 세계적인 성자 = 워치만 니
진정한 그리스도인은 = 이 말을 하루에 한 번씩 할 수 있어야 한다고 했음
"형제여 자매여 내가 잘못했음 = 내가 죄인임"
그만큼 우리가 = 연약하다는 것임

옆 사람에게 한번 해봅시다. = 형제여. 자매여 내가 잘못 했음

이렇게 할 때 마귀가 떠나감 = 이것을 하루에 한 번 이상을 해야 한다는 것임
이렇게 할 때 성령님의 근심이 = 다 사라질 줄로 믿음

찬양 =1174장, "참 참 참 피 흘리신"

그러므로 우리가 = 사람과 사람사이에서도
용서 안 해주고 = 용서 안하면, 성령님이 근심하심

☞ 성령님은 한 분이시지만 = 구약에서 역사하시는 성령님과

신약에서 역사하시는 성령님은 = 기능적 면에서 다르심
　　한분이시지만 성령의 역사하시는 통로 = 역사하시는 방법이 다름

☞ 이것을 둘로 나누면 = 구약의 성령을 신성의 성령이라고 함
　　구약의 성령님은 = 하나님 편에서 역사하심
　　신약의 성령님은 = 보혜사 인성의 성령님이라고 함
　　사람 편에서 역사하심 = 이 인성의 성령님은 굉장히 민감하심
　　조금만 잘하면 = 성령님이 좋아서 이속에서 펄펄 뛰심.

☞ 그러나 조금만 우리가 잘못하면 = 성령님이 탄식하시며 근심하심
　　어쩌면 성령님은 = 여자하고 비슷함
　　삐지기도 잘하시고 = 근심도 잘하시고 탄식도 잘하심

☞ 그러니까 여러분,
　　하나님의 성령님을 = 사람 대하듯이 대하여야 할 줄로 믿음
　　베니힌 목사님과 같이 = 아침에 일어나면
　　"good morning holy spirit" = 성령님 안녕하세요!
　　꼭 사람에게 하듯이 = 성령님을 인격적으로 대우하시기를 바람

이렇게 하여 = 성령님께 죄 짓지 말고
성령님께 = 범죄 하지 말고
성령님을 = 기쁘시게 하여
성령님의 도우심을 = 받으며 승리하시기를
주님의 이름으로 = 축원함

### 성령의 나타남 10주제

1판 인쇄일  2018년 6월 25일
1쇄 발행일  2018년 6월 29일

지은이 _ 백기호
펴낸이 _ 한치호
펴낸곳 _ 종려가지
등  록 _ 제311-2014000013호(2014. 3. 21)
주  소 _ 서울특별시 은평구 은평로 14길 9-5
전  화 _ 02. 359. 9657
디자인 _ 표지 이순옥/ 내지 구본일
제작대행 세줄기획(02.2265.3749)
영업(총판) 일오삼(민태근)
전  화_ 02. 964.6993  팩스 2208.0153

값 9,000 원

ISBN 979- 11- 87200-42- 0  03230

ⓒ 2018. 백기호

저자 연락처 010-7362-3593

잘못 만들어진 책은 구입하신 서점에서 바꾸어 드립니다.
책의 주문 및 영업에 대한 문의는 영업대행으로 해주십시오.
문서사역에 대한 질문은 010. 3738. 5307로 해주십시오.